中青年经济与管理学者文库

知识资本及知识溢出对企业绩效贡献研究

——来自高技术上市公司的经验数据

李丽华　著

中国财经出版传媒集团
中国财政经济出版社

图书在版编目（CIP）数据

知识资本及知识溢出对企业绩效贡献研究：来自高技术上市公司的经验数据 / 李丽华著 .—北京：中国财政经济出版社，2017. 11
（中青年经济与管理学者文库）
ISBN 978 - 7 - 5095 - 7787 - 5

Ⅰ. ①知…　Ⅱ. ①李…　Ⅲ. ①上市公司 - 知识经济 - 影响 - 企业绩效 - 研究　Ⅳ. ①F276. 6

中国版本图书馆 CIP 数据核字（2017）第 251266 号

责任编辑：樊清玉　　责任校对：胡永立
封面设计：智点创意　　版式设计：录文通

中国财政经济出版社 出版
URL：http：//ckfz. cfeph. cn
E - mail：cfeph @ cfeph. cn

社址：北京市海淀区阜成路甲 28 号　邮政编码：100142
营销中心电话：010 - 88191537
天猫网店：中国财政经济出版社旗舰店
网址：https：//zgczjjcbs. tmall. com
北京财经印刷厂印刷　各地新华书店经销
880 × 1230 毫米　32 开　7. 625 印张　201 000 字
2018 年 3 月第 1 版　2018 年 3 月北京第 1 次印刷
定价：40. 00 元
ISBN 978 - 7 - 5095 - 7787 - 5
（图书出现印装问题，本社负责调换）
本社质量投诉电话：010 - 88190744
打击盗版举报热线：010 - 88191661　QQ：2242791300

策划人语

题记：一个人的精神成长史，取决于他的阅读史。只有阅读能最有效地培养精神生活习惯，而好的习惯又培养性格，性格决定人生。

——我们自豪，因为我们就是创造这精神产品的人。

选择了飞翔，总能看到蓝天；选择了远航，总能感受大海。人生不仅要作出选择，也要坚持住自己的选择。学会计、当编辑是我的意外选择。人说编辑是为人做嫁衣，可是这一选择我坚持了27年，苦在其中，乐在其中，也算是有声有色。每当我把一本本好书呈献给人们的时候，我觉得我是“富贵”的人：富，不是你身上的钱财，而是你心里的满足；贵，不是你地位的显赫，而是你被人需要的程度。

书海探寻，情怀永恒

我要说，做编辑我幸运，因为我不仅是第一个读者，可以对作品“品头论足”，也可以对作品“生杀予夺”；更重要的是，这是一个很高层次的平台，在多年与名家的交往和名著的“对话”中，深深地为他们的人格和才学而感动，被作品的精彩所吸引，这不仅使我“下笔如有神”，更使我的思想和灵魂也受到一次次洗礼和震撼，得到一次次升华。对于我的作者我的书，如数家珍，作者中不乏才学和为人同样过人的多位泰斗和“颜值高责任大”的众多才子佳人；策划的作品不仅立足专业还兼顾人文，也是情怀所在，专业加人文路才会更宽。

多年的体会是，作为一个编辑，起码要“三心二意”，即“责任心、细心、耐心”和“服务意识、创新意识”。要多策划一些有份量的拳头产品，用一个选题推动一个系统工程，用一个系统工程培养一个出版社品牌。给新入职编辑讲座时我做过一个比喻：编辑两项基本功，审稿——甚至要比博导审批学生论文还要全面、细致；选题策划——要像电影导演一样做“星探”，善于发现优秀作者和挖掘好的原创作品。记不得 27 年来我策划和编辑了多少书，组织和策划了一大批教材、业务培训用书、通俗读物、理论专著等，有的获得过国家、省部级各类奖项，有的以其填补空白、社会热点、风格新颖、开拓尝试等特点受到读者的欢迎。20 世纪 90 年代我开始自主策划选题，多年来每年都有新丛书问世。比如，21 世纪初内部控制研究在国内刚兴起时，策划了《现代内部控制丛书》，其中《企业内部控制管理操作手册》是我鼓励作者将自己饱含心血的经过长期钻研和实践并证明卓有成效的成果奉献付梓，使得更多的人能受益于此，这无疑是对我国内部控制理论探索和实践发展的一种贡献，内部控制选题至今还是热点。2013 年的《来去无尘——一位财政部长的生前事》所展现的吴波精神，与深入推进党风廉政建设相得益彰，得到中央领导同志的高度重视和重要批示。中央各大主流媒体纷纷连续报道，掀起了全社会学习吴波高尚情操的热潮。2014 年至今的前沿选题《财务云丛书》等也越来越受到业界认可。

想是问题，做是答案

众所周知，目前的图书出版业在行业竞争和纸质图书受到严重冲击的情况下，出版人无不感到莫大的危机感。在这种背景下，策划一套专业图书是颇感困惑的一件事，风险更大。但即使这样我们也不能因噎废食、停滞不前，还要积极应对，继续发挥纸质图书的固有特质，挖掘出版内容和形式都精彩的原创作品，适应新形势下读者的更高需求。2017 年，我们接受新的挑战，开启新的征程，又策划《中青年经济与管理学者文库》《当代税收名家丛书》《中国税务律师系列丛书》《现代管理实务丛书》《高等院校应用型会计人才精细化培养系列教材》等，继续为扶持学术研究和总结最新成果，在高端研究与专业知识普及和应用之间搭建一座座有益的桥梁。

每一个时代的经济环境不同，理论研究和实务探索所需要解决的问题也有所差别。当前我国不仅处于经济结构调整和供给侧改革的攻坚期，同时也处于大数据和互联网突飞猛进的变革期，矛盾叠加，风险交汇，市场环境和组织模式不断演变发展、推陈出新，经济、管理、财税等领域的新理论、新思想、新方法、新工具也层出不穷。乱花渐欲迷人眼，击水三千浪几何？这些领域的研究人员被时代赋予了更艰巨的责任，也面临着更高、更多元的要求，我们不仅要具备更广阔的学术视野，而且要有更严谨的学术思维。

输在犹豫，赢在行动

《中青年经济与管理学者文库》的作者，都是我国经济与管理领域的中坚力量，也是未来的大家。他们中有些人潜心从事理论研究，有些人则深耕在实务一线，但无论现实身份如何，视野全都没有被拘泥在“象牙塔”内。他们从不同视角对市场经济的不同要素进行细致审视，然后汇聚于“财经版”这面旗帜之下，相互碰撞，彼此激荡，力求在市场经济转型升级的关键时期留下最新鲜的“中国印记”。

这些经济与管理领域的中青年学者，就是我国市场经济发展的潜力与优势，他们的研究成果，不仅将引领市场经济的各个组成环节向更科学、更先进的方向发展，而且将成为我国政府和企业在未来经济世界扮演更重要角色的支点与动力。祝愿这些中青年学者能攀上更高的学术之山，走向更远的研究之路，也期待宏观、中观、微观各个层面的市场参与者都能从这套文库中得到切实的启发与指引，在全面深化改革、增强发展活力的关键时期，发挥正能量和积极作用，为经济社会发展增添新的动力！

如果您认可，如果您有意愿，欢迎您和您的朋友加盟我们的作者队伍！在中国财经出版传媒集团的旗舰下，中国财政经济出版社这老字号，一定励精图治，谱写新的篇章，我们用“龙的精神，玉的品质”来助力您实现梦想！

策划人：樊清玉

邮箱：qingyuf@ sina. com

2017 年春

科学技术迅猛发展，给经济和社会带来了前所未有的伟大变革，经济的增长比以往任何时候都更加依赖于知识的生产、传播和应用。企业特别是高技术企业要生存、发展和获利，更离不开知识。知识分为企业内部拥有的知识和来源于企业外部的知识，即企业的知识资本和接受的知识溢出，分析知识资本和知识溢出对高技术企业绩效的影响程度，对提高高技术企业绩效有重要意义。

本书以知识资本理论、知识溢出理论、知识与企业绩效相关理论为基础，重点研究高技术企业知识资本、接受的区域知识溢出对企业绩效的贡献，并利用我国通讯及相关设备制造业上市公司 2010～2014 年面板数据，采用因子分析法，面板数据回归法、逐步回归法对知识资本、知识溢出和高技术企业绩效的关系进行实证分析，提出相应的对策建议。其主要研究内容和结论包括以下几点：

第一，基于利益相关者理论建立了高技术企业绩效的评价体系。

从各利益相关者角度出发，建立了综合绩效评价指标体系。本书在实证研究中以财务绩效为被解释变量，采用因子分析法对样本财务绩效进行测量。

第二，探讨了高技术企业知识资本的分类和计量；建立了高技术企业的知识资本评价体系；从理论上分析了人力资本、组织资本和关系资本之间的互动关系并进行了实证。结论如下：

知识资本与高技术企业绩效之间存在显著的正相关关系；人力资本、创新资本、过程资本、关系资本都与企业绩效呈现正相关关系，且对绩效的影响强度依次为创新资本、过程资本、关系资本、人力资本；在人力资本与企业绩效关系研究中，工资增长率、员工平均教育水平、国有法人控股上市公司中高管人员报酬、超过2000人的企业规模与企业绩效正相关，且相关性显著；在组织资本与企业绩效关系研究中，组织资本中研发人员的比例、管理效率、人均管理费用、员工的资产管理水平、员工设备配备率有显著的正相关关系；在关系资本与企业绩效关系研究中，主要客户销售比例、沟通效率与企业绩效正相关。

第三，分析了高技术企业吸收区域知识溢出的影响因素，在此基础上对Caniels的蜂巢知识溢出模型进行修正，引入创新效率和行业距离两个参数，构建了微观企业接受所在区域的知识溢出模型，并在此基础上对各影响因素进行动态分析。

第四，构建了知识溢出、集聚效应和自主创新关系的理论模型，探讨知识溢出对企业选址、创新及集聚的影响；对知识溢出与高技术企业绩效关系进行理论分析提出关系假说并验证。

知识溢出效应的存在使企业彼此相互靠近，但企业在空间上的集聚抑制了企业自主创新的积极性，企业集聚产生的两种力量博弈均衡必将是企业一定程度上的集聚，并非越集中越好。实证结果显示，我国通讯及相关设备制造业上市公司在地理位置上出现了一定程度的集聚，知识溢出与财务绩效正相关，但知识溢出只能解释财务绩效变差的小部分。

第五，对知识生产函数进行研究和扩展，将知识溢出引入知识生产函数模型。采用逐步回归方法研究物质资本、劳动力资本、知识资本及知识溢出对高技术企业绩效的贡献。

研究结果表明：我国通讯及相关设备制造业上市公司知识资本对绩效影响显著，物质资本其次。知识溢出通过物质资本、知识资本间接作用于企业的绩效。

总之，企业知识资本高，知识溢出强度就大，绩效越好，企业发展越快；众多企业组成的区域的资本份额也就越大，资本向该区域集中，市场规模得以扩大，企业的发展与区域知识水平形成累计的因果关系。

最后，本书对我国高技术企业绩效的稳定发展，提出了一些看法和建议。

第 1 章 绪论 …………………………… (1)
1.1 研究背景和问题的提出 …… (1)
1.2 研究目的和意义 …………… (5)
1.3 相关概念的界定 …………… (9)
1.4 主要研究内容、框架和技术路线 ………………………… (15)
1.5 研究方法与主要创新点 …… (20)
1.6 本章小结 ………………… (23)

第 2 章 国内外相关研究综述 ……… (24)
2.1 知识资本相关研究综述 …… (24)
2.2 知识溢出相关研究综述 …… (37)
2.3 本章小结 ………………… (45)

第 3 章 高技术企业绩效的评价 …… (46)
3.1 企业绩效评价模式 ………… (47)

3.2 绩效评价方法的研究结论 …………………………（57）
3.3 高技术企业绩效评价体系的建立 ………………（60）
3.4 高技术企业绩效的计算 …………………………（71）
3.5 本章小结 ……………………………………………（83）

第4章 高技术企业知识资本与绩效关系研究 …………（84）
4.1 高技术企业知识资本的确认 ……………………（84）
4.2 高技术企业知识资本的分类 ……………………（87）
4.3 高技术企业知识资本的测量 ……………………（92）
4.4 高技术企业知识资本与企业绩效关系的实证研究 ……………………………………………（103）
4.5 本章小结 ……………………………………………（125）

第5章 区域知识溢出与高技术企业绩效关系研究 ……（127）
5.1 区域知识水平计算 …………………………………（127）
5.2 区域知识水平对微观企业知识溢出强度的影响因素 ……………………………………………（130）
5.3 区域知识水平对微观企业的溢出模型 …………（135）
5.4 知识溢出与高技术企业绩效关系的实证研究 ……………………………………………（146）
5.5 本章小结 ……………………………………………（165）

第6章 知识资本及知识溢出对高技术企业绩效贡献的实证研究 ……………………………………………（167）
6.1 知识生产函数的由来及发展 ……………………（167）
6.2 知识生产函数的评价与展望 ……………………（170）
6.3 知识生产函数的拓展 ……………………………（171）

6.4　知识资本及知识溢出与高技术企业绩效的实证研究 …………………………………………………… (173)
6.5　提升高技术企业绩效的对策建议 ……………… (181)
6.6　本章小结 ……………………………………………… (191)

第7章　提高知识资本，促进知识溢出，完善知识治理激励机制的建议 ………………………………… (192)
7.1　建立高技术企业自主创新及内部知识共享激励机制，提高企业知识资本 ………………………… (193)
7.2　建立与顾客及合作伙伴之间知识治理激励机制，提高企业关系资本 ………………………………… (199)
7.3　建立产学研协同创新激励机制 ………………… (202)
7.4　加强制度建设，政府强化科技激励机制 ……… (203)

第8章　研究结论与展望 ……………………………… (206)
8.1　主要研究结论 ………………………………………… (206)
8.2　进一步研究的方向 ………………………………… (212)

参考文献 ……………………………………………………… (214)

第1章 绪 论

1.1 研究背景和问题的提出

战略管理专家迈克尔·波特1980年在《竞争战略》一书中指出，竞争是企业成败的核心所在，竞争战略就是在某一产业里寻求一个有利的竞争地位[1]。1984年沃纳菲特(Wernerfelt)在《战略管理杂志》发表“企业资源基础论”一文，认为企业的竞争优势来源于其拥有或支配的资源，不同企业占有不同规模、不同组合的资源，就产生了不同的经营效益。但是，不是所有资源都可以成为企业竞争优势的源泉，因为在竞争较充分的市场上，资源是可以通过市场交易获得的。因此，竞争优势与对大多数企业都具有通用性意义的资源间不可能存在因果关系。一些学者开始透过资源这个表面现象进一步研究。1990年

Prahalad 和 Hamel（拉哈拉德和哈梅尔）在《哈佛商业评论》刊登了“公司的核心能力”一文，确立了核心能力在管理理论与实践中的地位。他认为企业是一个“能力集”，是单个企业拥有的比竞争对手能够更加卓有成效地从事生产经营活动和解决各种难题的能力，现实的经营战略、组织结构、技术水平优势都是这种特殊能力的外在表现。核心能力是企业长期竞争优势的源泉，是决定企业绩效的关键因素。他强调核心能力对企业绩效的决定作用，主张通过核心能力的培育来创造竞争优势，改善企业绩效。在现代社会中，企业特别是高技术企业竞争的资源以及企业整合的核心能力也逐渐显现出来，企业竞争的优势转向人力资本的竞争，而企业绩效更注重的是人力资本如何在组织中进行资源整合，体现知识资本的价值。

20 世纪七八十年代，西方发达国家信息技术激励了企业家精神，在许多领域需要提供复杂产品和服务，这就使企业的规模效应渐渐失去了它的战略地位（Audretsch，1995；Van Stel 和 Carree，2004）[2],[3]。随着第二次信息技术浪潮的来临，技术扩散到不发达国家，特别是那些劳动力成本和经营成本高的国家，这些国家正面临一种选择，要么将工厂迁到劳动力和经营成本低的地区，要么转变策略利用知识降低成本提高竞争力。随着经济及信息技术的发展，我们已经进入了一个崭新的知识经济时代，经济越来越趋向于全球化、一体化，世界范围的竞争和技术知识的扩散速度使企业不得不重视知识管理，知识对一个地区、一个国家乃至整个世界经济的发展正在发挥着至关重要的作用，谁掌握了知识，谁就能在激烈的竞争中掌握主动并获得竞争优势。Solow（1957）对美国经济增长的经验分析中，人均产出的增长率只有 12.5% 是由资本和劳动等有形要素的投入带来的，另外的 87.5% 就是“索洛技术进步余数”产生的[4]。此后，经济增长理论的研究就从这个余数，以技术内生为主线而展开，最终形成了以知识积累为基础的新增长模式。当今世界，科学技术迅猛发展，给经济和社会带来了前所未有的伟大变革，经济的增长比以往任何时候都更加依赖于知识的生产、传播和应用，企业特别是高技术企业要生存、发展和获利，更离不开知识资本。随着知识相对于其他生产要素地位的提升，知识资本也成为理论界研究的重点。与过去的农业经济、工业经济相比，在知识经济时代，以知识为核心的无形资产对企业内部的投入产出系统的作用，已远远超过了历史上的任何时期。企业的生存和持续发展取决于它是否能够不断创造得到社会承认的价值，企业发展壮大的过程就是不断创造价值和实现价值的过程。对企业而言，知识分为企业内部拥有的知识和来源于企业外部的知识，即企业的知识资本和接受的知识溢出。正像 Audretsch 和 Erik E. Lehmann（2005）所发现的，公司生产率的增长不仅受公司内部知识投资额的影响，而且与公司临近的由各大学、科研机构产生的外部知识对公司的生产率也会产生重大贡献[5]。分析知识资本和知识溢出对高技术企业绩效的影响程度，对提高高技术企业绩效有重要意义。

企业管理控制过程中一个关键环节是对绩效进行评估，以确保企业的战略或计划得到正确实施。传统的、单纯以获利指标为主的绩效评价系统，如杜邦体系，在知识经济社会已经显得力不从心。亚马逊企业经过近几年的经营，也没有从其主营业务中赚到一分钱，如果按照以投资回报率为中心的杜邦体系加以评价，它不是一个好企业，但这毫不影响其股票价格的一路攀升。企业账面价值与市场价值的严重背离给绩效评价带来许多问题，因此，需要一个新的绩效评定系统来控制企业的经营过程。

如何通过有效知识资本管理提高企业绩效是摆在所有企业面前的紧迫问题，而知识资本的评估是首要解决的问题，知识资本评估必须与企业绩效联系起来，更好地帮助企业高层管理人员理解知识资本和企业总体绩效之间的关系，弄清楚哪些知识资本与企业绩效联系最紧密，哪些知识资本最值得重点投资和关注，预先判断知识资本对企业绩效贡献的动态变化。

知识资本评估是知识经济时代企业追求价值最大化的强烈需求，能够更全面地反映企业价值和经营业绩，知识资本评估承担了知识经济时代企业绩效评定系统的任务。由于股票市场受各种随机因素的干扰，以股票价格为基础计算企业的市场价值，从而倒挤知识资本价值的方法存在明显的缺陷，这种缺陷在股价波动较大时表现尤甚，毕竟企业知识资本的价值并不会随短期内市价的波动而急速增加或减少，隐藏价值并不能全部代表知识资本，因此，需要考虑企业内部一些非财务指标，对上市公司的知识资本进行评估。

企业有创新才能发展，才能产生绩效的提高。创新源于企业对知识资源的重新整合与创造。企业不仅要依靠自身占有的稀缺知识资源，还要依靠组织间学习，积极从外部获取新的关键知识。因为任何一个企业不可能拥有自身需要的一切知识资源，所以为了创新和获利，越来越多的企业选择积极吸收企业集群中的知识溢出。新经济地理理论（Krugman，1998）认为企业集群对技术进步和创新具有积极的影响作用，强调集群经济的优势来源于集群区域劳动力市场、专业化供应商和知识溢出三方面。其中，知识溢出被认为是形成集群创新，提高企业集群整体竞争力的最主要条件。劳动力市场和专业供应商对集群的直接作用在于降低集群企业的生产要素成本，同时也有助于为集群内企业之间的知识溢出和相互学习提供便利条件[6]。因此，系统地研究知识溢出对企业创新以及企业绩效的影响和作用，对指导我国企业发展创新具有重要的理论意义和现实意义。本书则从企业接受所在区域的知识溢出影响因素进行探讨，建立适合企业接受区域知识溢出模型，促进或控制知识溢出强度，提高企业创新的积极性，改善企业创新环境，为企业创新能力和绩效的提高提供方法和政策支持，并通过分析知识溢出与企业绩效的关系，为当地企业绩效的提高和经济的发展提出切实可行的政策建议。

1.2 研究目的和意义

1.2.1 研究目的

本书主要以企业绩效理论、知识资本理论、知识溢出理论、知识与企业绩效相关理论为基础，研究高技术企业知识资本、接受的区域知识溢出对企业绩效的贡献。高技术企业绩效的评价是关键点，在分析绩效评价相关理论的基础上，结合高技术企业的特点，对高技术企业绩效有一个科学合理的认识；企业知识资本的测度是一个难点，知识资本的测量研究仁者见仁、智者见智，至今没有统一结论。本书准备在国内外已有的理论基础上，结合高技术企业的特征建立知识资本的评价体系。研究企业接受区域的知识溢出影响因素、知识溢出效应以及知识溢出对知识（技术）创新的影响；探求知识溢出对企业绩效的作用，为我国高技术企业保持稳定、健康、持续的增长提供理论依据和方法指导。本书把知识资本、知识溢出作为内生变量引入知识生产函数，来探讨知识对高技术企业绩效的贡献，利用我国上市公司面板数据，对知识资本、知识溢出和高技术企业绩效的关系进行实证分析，并提出相应的政策建议。

1.2.2 研究意义

本书针对知识对高技术企业的重大作用，将知识分为来源于内部的知识和外部知识，即知识资本和知识溢出，将知识资本理论、知识溢出理论、企业绩效理论相结合进行理论和实证分析。首先在理论上是对相关现有理论的有益的探索和补充，丰富和发展知识资本和知识溢出的理论研究，其次在实证上揭示高技术企业绩效的决定因素，所解决的问题和提出的观点在实践中也具有一定的现实意义和指导意义。

其理论意义具体表现在以下几个方面：

（1）对于知识资本理论的贡献。现有的关于知识资本研究大多数是对知识资本概念和特点，知识资本的构成要素，知识资本的度量方法等的定性研究，定量研究并不多，特别是缺乏对知识资本与高技术企业绩效关系方面定量研究，本书结合高技术企业的特点，将高技术企业的知识资本进行划分，这不仅反映了高技术企业的本质特点，而且揭示与高技术企业绩效相关的重要变量，对促进企业绩效提高有重要的理论意义，特别是对于知识资本测度方面的研究具有重要的理论意义。

（2）拓展了知识溢出模型。随着经济发展日益全球化，信息大爆炸以及通讯技术的飞速发展，对高新技术发展速度的关注，已逐渐超过成本和质量，快速发展成为高新技术企业的首要经济目标。企业长期的成功取决于开发新产品的持续能力，即知识创新能力。大量研究结果表明，产业集聚，企业集聚显现，说明区域知识溢出对企业绩效有显著作用，研究微观企业接受所在区域知识溢出模型为企业的快速发展提供解释力量。研究知识溢出的模型基本上是建立在区域与区域、产业与产业、企业之间的知识溢出，且溢出效应是双向的，而本书从微观个体的角度研究所接受的区域知识溢出，因此溢出模型的研究更有针对性。

（3）理论分析知识溢出与企业自主创新的辩证关系。对于高技术行业，企业间竞争的焦点是核心技术，然而核心技术的开发和创新需要具备一定的技术基础，而且企业技术的开发受制于成本效益原则，没有哪一个企业能保证不断地自主创新。知识企业在空间上趋向于集聚，很大程度上是为了能够分享到由于企业之间的临近而产生的知识溢出效应。既然知识溢出和企业集聚两者之间有着密切联系，企业应该如何选址才能应对日益激烈的市场竞争，并从因聚集而产生的知识溢出中获益就成为一个重要的课题，因此有必要对其关系作进一步的分析，研究空间竞争的情况下知识溢出对企业选址、创新及集聚效应。

（4）把知识溢出引入生产函数模型。对企业内部知识资本与企业绩效的贡献研究比较多，但都没有考虑所接受的区域知识溢出与绩效的关系，将两者结合进行研究的更少见，因此笔者分析知识生产函数的起源和演进，并扩展生产函数模型，建立以绩效为产出，物质资本、劳动力资本、知识资本、知识溢出为投入的生产关系模型，在理论上具有较大意义。

研究高技术企业知识资本、知识溢出与企业绩效的关系具有更重要的实践意义：

第一，有利于提高高技术企业的绩效。高技术是建立在最新科学成就基础上的技术，它具有技术变化迅速、产品寿命周期短、产品性能和工艺技术改进快等特点，这些特点决定了高新技术的基本特征，即创新性。与传统企业相比，高技术企业的发展更加依赖于高技术的开发与应用，高技术企业要发展，就必须不断地创新，在新的模仿者和创新者之前，利用新工艺，发明新产品，才能维持企业的竞争优势。但由于高技术创新的系统性、不确定性导致创新的高风险性，严重阻碍着高技术企业创新的选择和创新的效率，这也预示着高技术企业比其他企业将面临更多的风险。Feldman（2004）认为高技术产业创新过程有五方面特征：不确定性、复杂性、依赖于基础研究、干中学的重要性及累积性[7]。高技术产业创新在很大程度上要依赖于基础科学知识，如大学与政府实验室的研究开发，大多数新的重要技术机遇都来自于先进的科学知识。与大学或科研机构的地理邻近使企业能够及时地将信息转化为有用的知识，并能使技术更加容易和迅速地商业化。为了获得大学或科研机构及其他企业和机构的知识溢出，高技术企业倾向于在大学或科研机构周围集聚，形成高技术产业集群。美国硅谷的实践表明，技术创新活动不同于传统的生产方式，它更多地依赖于知识溢出效应。对于那些知识溢出起决定作用的产业（即创新型产业）而言，与知识资源的远近决定企业的区位选择，进而决定了企业的绩效。

第二，促进高技术企业加强知识资本与知识溢出的管理。通过对知识资本和知识溢出对高技术企业绩效的研究，深入探讨知识对高技术企业发展的作用和影响，对于如何提高企业的知识资本，更好地吸收知识溢出有指导作用。随着知识经济的不断发展，知识资本对高技术企业绩效的贡献将会越来越大，而非知识资本如资金、设备等的相对作用将会下降。研究结果可以使高技术企业经营者明确知识资本对企业的重要作用，重视对企业知识资本的投入和管理，正确对待知识溢出，从而提高企业绩效。

第三，有益于企业从系统的角度来评价企业的绩效。研究结论可以提示企业管理者，企业绩效是全方位的考评指标，不能只站在股东的角度考虑股东财富的最大化，财务指标并不能全面衡量企业，而往往非财务指标，特别是一些难以量化的指标对企业的发展至关重要。因此，企业绩效的考评应有一个战略角度。

第四，对我国在实践中如何制定政策，创造良好的环境，促进良性知识溢出，在集群内部实现知识共享，促进企业共同发展具有重要实践意义。

1.3 相关概念的界定

1.3.1 知识

知识历来是哲学中认识论研究的对象，常见的有关知识的定义是从哲学的角度提出的。在我国教育类辞书中流行的知识的定义是："对事物属性与联系的认识。表现为对事物的知觉、表象、概念、法则等心理形式。"或者更具体为："所谓知识，就它反映的内容而言，是客观事物的属性和联系的反映，是客观世界在人脑中的主观映像。就它反映活动的形式而言，有时表现为主体对事物的感性知觉或表象，属于感性认识，有时表现为关于事物的概念或规律，属于理性知识。"

经济学家马歇尔提出知识问题是经济学必须研究的范畴，他对知识的评估也颇具预见性："知识是生产最有利的发动机……在公共和私有的知识财产之间做出区分……这种区分非常重要并且其重要性与日俱增，在某些方面其重要程度已超过了对物质财产作公共和私有的区分。"在马歇尔等人的研究的基础上，知识范畴逐渐进入了主流经济学家的视野。经济学家们认为，知识是一种特殊的生产要素，这种生产要素天然地与不确定性和有限理性等认知特征联系在一起。

按照经济与合作发展组织 OECD（Organization for Economic Cooperation and Development）《以知识为基础的经济》一文的解释，知识大致可以分为四大类：回答是什么的知识（know -

what），即关于客观事实方面的知识；回答为什么的知识（know - why），即经过人类研究和实践总结出来的理论知识；回答怎么做的知识（know - how），即关于做某些事情的方式、方法、本领和技能，在生产领域主要指专业技术和技能；回答是谁的知识（know - who），即回答谁知道和谁知道某些事情怎么做的知识，如哪些专家发现了某些原理，发明了某些技术，获得了某项技术的专利等[8]。其中："know - what" 和 "know - why" 两种知识属于编码知识（或明晰知识），而 "know - how" 和 "know - who" 两种知识属于沉默知识（或内隐知识）。编码知识（Code Knowledge）又称为明晰知识（Explicit Knowledge），是指能够以一种系统的方法传达正式的和规范的知识；而沉默知识（Tacit Knowledge）则是指高度个体化、难以形式化或沟通、难以与他人共享的知识。

本书对知识的界定为：知识是人类社会实践活动的经验总结，是组织或经济系统所拥有的将输入转化为输出的资源和能力，也就是能将输入转化为输出的所有经验形态、智慧形态、智能形态的总和。

1.3.2 知识资本

"知识资本"一词由西方的 intellectual capital 翻译而来，又称为 knowledge capital，很多学者认为知识资本是智力资本的同义词。它萌生于工业经济时代后期，兴盛于知识经济时代。美国经济学家 Galbrainth（1969）第一个提出的"知识资本"的概念，指的是存在于组织之中的、能够提高企业竞争力的、为企业增加价值的无形资产。1986 年，瑞典卡尔·艾里克·斯维比在其《知识型公司》一书中提出了知识资本概念，并对知识资本的本质进行了分析，认为知识资本体现在公司员工的竞争力、公司的内部结构及外部结构上[9]。1996 年，联合国经济合作与发展组织第一次指出，以知识为基础的经济是建立在知识和信息的生产、存储、使用和消费之上的经济，是一种智力支撑型经济，即以智力资源的占有、配置、生产、分配和使用为最重要因素的经济。1997 年 5 月，瑞典第一大金融和保险公司——Skandia 发布世界上第一个公开的知识资本年度报表（传统财务报表的补充），标志着知识资本会计的诞生。

Edvinsson（1996）认为知识资本是知识企业物质资本和非物质资本的合成，知识资本是企业市场价值与账面价值之间差距的真正来源，而这恰恰是微软等知识型企业在资本市场上被持续看好的原因[10]。卡尔·埃里克·斯维比（Sveiby，1997）认为知识资本是企业或组织的所有无形资产而不包括企业的有形资产部分，他指出知识资本是企业一种以相对无限的知识为基础的无形资产，是企业的核心竞争能力[11]。托马斯·斯图尔特（Thomas Stewart 1997）在《智力资本，组织的新财富》一书中指出员工的技能和知识、顾客的忠诚以及公司的组织文化、制度和运作中所包含的集体知识，都体现着知识资本[12]。Prusak（1998）将知识资本定义为那些已经“规范化的、可以捕捉到并具有决定影响的知识资源”，它们可以创造高价值。这些知识资源包括可以用于创造财富的知识、信息、知识产权以及经验技能等，认为组织的知识资本包括员工技能、组织流程以及客户关系的价值等方面[13]。Marr 和 Schiuma（2001）将知识资本定义为知识资产的组合，它通过增加组织关键利益相关者的价值，从而提升组织的竞争优势与地位[14]。

国内学者张兆国等（2000）认为知识资本是知识在一定条件下转化而成的，是企业在其生产经营及其管理活动中所积累起来的最具有价值增值性的预付价值[15]。复旦大学的芮明杰教授（2002 年）认为知识资本是企业内所有因知识和智力的积累而形成的资源[16]。贾银芳、刘国武（2004）认为知识资本是组织系统拥有与控制并通过其运动实现价值增值的知识资源[17]。

综合各学者的观点，本书站在上市公司的角度理解知识资本，按照《企业会计准则》对资本的定义，知识资本应为企业过去的交易或者事项形成的、由企业拥有或者控制的，能够为企业创造价值和构建持续竞争优势的动态性知识和能力。它是依附于组织或经济系统内部人员、设备、组织结构和社会关系中的所有知识的总和，它反映了组织的知识生产能力和创新能力。

1.3.3 区域知识溢出

1890 年 Marshall 在其名著《经济学原理》中从经济学的角度最早提出了溢出概念，他从外部性角度考虑溢出现象，在市场经济中，供求关系的比例决定了对任何稀缺资源的消耗，经济低效率的根本动因在于“外部不经济”。

20 世纪 60 年代，Mac Dougall（1960）探讨东道国接受外商直接投资（FDI）的社会收益时首次提出了知识溢出概念，他认为 FDI 对当地企业的收益有明显的促进作用，知识溢出效应被作为重要因素提出来。他以国际贸易理论为基础，采用静态局部均衡比较法研究来自国外的边际投资增量的分配方法，他认为资本流动不受国际区域界线的影响，当资本要素丰富国家的资本边际生产力和价格低于资本要素短缺国家的边际生产力和价格时，资本流动就产生了，前者资本要素流向后者。这种流动最终均衡的结果是各国资本的边际生产力和价格趋于均等，知识溢出提高了世界范围内资源的有效利用率，增加全球总产量和各国的福利，但是他对知识溢出并没有做更为详细的研究。

Simusic（1962）提出知识溢出的概念是在研究审计定价和风险收费时，当提供非审计服务时会获得相应的知识，这种知识会对审计产品“溢出”，结果降低了审计成本，从而提高了审计产品的效率，社会总成本因知识溢出得以下降[18]。诺贝尔经济学奖获得者阿罗（Arrow，1962）认为知识溢出效应导致了整个经济生产率的提高。他认为知识创造是投资的副产品，即“干中学”，企业投资或生产的过程会逐步积累起生产经验和更有效的生产知识，而这些知识也能被其他企业所利用，这就是知识溢出效应，他假设新投资具有知识溢出效应，不仅进行投资的厂商可以通过“干中学”积累生产经验带来生产率的提高，其他厂商通过模仿学习提高生产率[19]。Geroski（1990）认为技术知识与经验在实现其价值的流动过程中产生溢出效应[20]。Griliches（1992）在研究 R&D 溢出时，发现进行模仿创新的企业比自主创新企业能获取更多的收益，他把这种现象称为知识溢出[21]。Kokko（1992）在研究外商直接投资即 FDI 时发现，本地企业在未经外商企业的知识正式转让的前提下可以获取外商企业所拥有的知识，这种现象称为知识溢出[22]。Branstetter（1998）定义的知识溢出“当企业 a 能够从企业 b 从事的 R&D 活动中获得经济收益，并且不承担 b 企业的研究成本，这样就产生了知识溢出”[23]。Poldahl（2004）定义知识溢出是“创新思想与技术非自愿地、无补偿地扩散和转移”[24]。

本书认为知识溢出同样发生在企业与区域之间，站在知识的接受方（企业）来研究知识溢出，即从知识的外部性特征展开将知识溢出界定为：区域与微观个体之间由于知识存量差异而导致的企业通过以非技术交易为目的的经济活动、人员流动、社会交往等过程中获取、吸收和转化对方知识的过程。在这里强调知识溢出方的非自愿性和无意识性。因此强调说明公开的技术交易，如技术转让、技术引进等不属于知识溢出研究的范围；而且知识的接收方以非正常手段获取对方知识的，如偷窃对方情报和秘密等方式也不属于知识溢出的研究范围。

1.3.4 绩效

绩效是“performance”的译名词，也可以称为业绩，综合各种文献，对于绩效的含义，目前还没有一个较一致的表述。OECD 在其 1994 年的一份报告《Performance measurement and evaluation》中提出绩效是实施一项活动所获得的相对于目标的有效性，它不仅包括从事该项活动的效率、经济性和效力，还包括活动实施主体对预定活动过程的遵从度以及该项活动的公众满意程度[25]。我国现代汉语《辞海》对绩效的解释是：“绩，指功业、成果；效，指产生或所取得的结果，作用。”财政部统计司认为，企业效绩是指一定经营期间的企业经营效益和经营者业绩。企业经营效益水平主要表现在盈利能力、资产营运水平、偿债能力和发展能力等方面。经营者业绩主要通过经营者在经营管理企业的过程中对企业经营、成长、发展所取得的成果和所做出的贡献来体现。目前学术界对绩效的理解众说纷纭，代表性的观点有：伯纳丁（Bernardin）是绩效产出说的主要代表人物，1995 年提出了绩效产出评价法。他认为绩效是员工最终行为的结果，是员工行为过程的产出。绩效是在特定的时间，特定工作职能、活动或行为上所产生的最终结果。这个观点将绩效理解为任务的完成、目标的实现以及结果和产出等指标。员工作业绩效考评依据个体执行作业活动的成效。这意味着员工个体在知识、技能和能力上的差异更多地影响作业绩效。因此，经验和培训对提高员工作业绩效有直接帮助。凯恩贝尔（Camnbell）、迈克罗依（Mccloy）1993 年认为，绩效是多维的，没有单一的绩效测量：绩效是行为，并不必然是行为的结果；这种行为必须是员工能够控制的，绩效是员工自己控制的与组织目标相关的行为。这种观点把行为而不是把完成的任务或达到的最终结果作为绩效。我国学者张蕊（2002）认为：企业业绩是反映人们从事某一活动所取得的成绩或成果。企业业绩可以从两个方面来理解：一种是以结果为导向的业绩，是指在特定的时间内由特定的工作职能或活动产生的产出记录；另一种是以行为为导向的业绩，是指与企业目标有关的、可以按照个体的能力（即贡献程度）进行测量的行动或行为[26]。王化成、刘俊勇（2004）回顾业绩评价的历史演进，从早期的业绩评价、财务评价，到目前的经济增加值和平衡计分卡。在此基础上，将业绩评价划分为3种模式，即财务模式、价值模式和平衡模式。通过对3种模式的比较，认为中国企业更应倾向于选择平衡模式[27]。牛丽文、张进（2005）在分析企业绩效评价指标体系建立意义的基础上，从财务、客户、内部业务流程、学习成长、其他利益相关者和可持续发展六个维度，以制造业为例构建了企业绩效评价的指标体系[28]。

本书中高技术企业绩效是指高技术企业在一定经营期间内为实现企业目标所做的一系列工作及其所取得的以财务指标和非财务指标来体现的财务效益、资产运营、抗风险能力、发展能力、社会影响等经营成果的总称。

1.4 主要研究内容、框架和技术路线

1.4.1 研究内容

（1）高技术企业绩效的测量。在现有的绩效评价模式的情况下，借鉴平衡记分卡模型，分析利益相关者理论，探讨高技术企业的特点及利益相关者，从利益相关者的角度建立财务指标和

非财务指标相结合的企业绩效评价体系。本书以我国通讯及相关设备制造业上市公司为样本，采用因子分析法，将多指标反映的绩效进行加权，计算每个企业绩效的综合得分，表示高技术企业的绩效的相对大小。

（2）高技术企业知识资本与绩效的关系研究。首先，将高技术企业的知识资本进行分类，相似于斯图尔特和斯威比的知识资本构成，即从人、企业组织本身和企业组织外部的角度将知识资本构成划分为人力资本、组织资本和关系资本，组织资本又区分为创新资本和过程资本；其次，从三个角度建立高技术企业知识资本评价的指标体系。高技术知识资本的评价应该建立灵活全面的指标评价体系，有效的知识资本评估是高技术企业知识管理的开端，并贯穿知识资本管理过程的始终，因此，知识资本应当被恰当地表述，知识资本隐含在企业的人力、组织及各种社会关系中，评估指标的具体内容应该根据企业所处的行业及企业内外部环境的变化而做相应的调整。由于客观世界的复杂性和人类知识的有限性，目前对知识资本无法进行精确分析，因此，通过实证过程，对知识资本管理过程不断反馈和修正，企业可以进一步改善和调整各项评估指标，达到企业知识资本管理的目的；然后，以通讯及相关设备制造业上市公司为样本，利用因子分析法原理，计算每个指标的权重，计算企业知识资本各组成部分的相对得分；最后，对高技术企业知识资本与绩效的关系进行实证检验，采用提出理论假设，再用我国通讯及相关设备制造业上市公司 2010 ~2014 年的数据进行验证。

（3）高技术企业知识溢出与绩效的关系研究。首先，对企业所在区域知识水平进行测量，本书对知识存量差距的度量采用 OECD 的方法，结合我国高技术产业统计的创新投入、创新产出科技指标，利用科技指标间接地反映知识存量和知识存量差距，建立区域知识水平的测度体系。

其次，针对区域知识水平对企业的溢出途径进行分析，包括：企业之间的交流、合作、创业；企业之间的人员流动或产品的流动；研发人员正式及非正式的交流；高等学校实验室溢出等。针对区域知识水平对企业溢出强度影响因素分析，影响因素主要有：微观个体的知识学习能力；微观个体的创新效率；微观个体与区域知识存量差距；溢出行业距离。

然后，建立企业接受知识溢出的测度模型。本书首先分析 Manfield E. 的 S 型扩散模型、阿罗的“干中学（Learning by Doing)”与罗默（Romer）的知识溢出模型、Bart Verspagen 与 M. C. J. Caniëls 空间知识溢出蜂巢模型等知识溢出模型的相关研究及不足，重点对凯尼尔斯空间知识溢出蜂巢模型进行了分析，全面了解知识溢出的影响因素和影响程度。但由于该模型的推导和假设都是建立在区域间层面上的，因此，必须对其假设和推导进行修正才能用于企业间层面的知识溢出研究。结合前面有关企业接受区域知识溢出的影响因素的分析，重新设立该模型的前提条件和假设。根据企业与所在区域间知识溢出的影响因素及影响趋势分析，对 M. C. J. Caniëls 的知识溢出模型进行修正，以适应企业接受区域知识溢出的特点。

理论动态分析知识溢出各影响因素变化对知识溢出的影响；建立基于知识溢出的企业选址、创新和集聚模型，运用博弈理论分析知识溢出对企业自主创新的影响，总结研究结论。

最后，以我国通讯及相关设备制造业上市公司 2010 ~ 2014 年的数据计算各企业不同时间吸收的知识溢出，运用面板数据回归模型对知识溢出与高技术企业绩效之间的关系进行实证。

（4）知识资本及知识溢出对高技术企业绩效的贡献研究。这一部分首先介绍知识生产函数的由来及演变，古典的知识生产函数本质上是一个两因素的 C－D 函数，后经学者们的不断发展，已经成为一个分析区域知识流动溢出属性和检验其对区域创新影响的一个强有力的经验模型工具。这个模型被广泛地应用于区域创新的经验分析，大都集中在发达国家。本书对知识生产函数进行评价并提出相应的展望，在深入分析创新过程多重投入和多种产出的特点及其相关性的基础上，通过对假设条件的重新界定和对参数的合理解释，形成知识生产函数模型的一般表达形式，以更好地揭示科学技术投入与产出之间的内在规律。为了更好地研究知识资本及知识溢出对企业绩效的影响，对生产函数进行拓展，对投入和产出重新界定。企业生产系统的资源投入主要包括物质资本，劳动力资本，知识资本、接受的区域知识溢出。以企业的目标为出发点，企业绩效代表企业的最终产出。本书在实证部分，对知识资本、知识溢出对高技术企业绩效的贡献作了研究，为我国高技术企业的发展提出了合理可行的对策建议。

（5）研究结论与展望。本书最后对研究结论进行总结，并在以上研究的基础上指出不足及进一步研究的方向。

主要研究内容如图 1－1 所示。

1.4.2　技术路线

本书试图通过对企业知识资本确认、分类、计量的分析，结合国内外学者对知识资本与企业绩效的贡献研究，找出以前研究的不足之处，并进行改进；改进原有的知识溢出模型，使其能反映出企业接受区域的知识溢出效果；从理论上分析知识资本、知识溢出对企业绩效的作用和影响，然后利用我国电子通讯及相关的设备制造业上市公司 2010～2014 年数据进行实证分析。本书采用的具体路线是查阅文献→确定基本研究方向理论分析→实证分析→提出政策性建议（具体流程见图 1－2）。

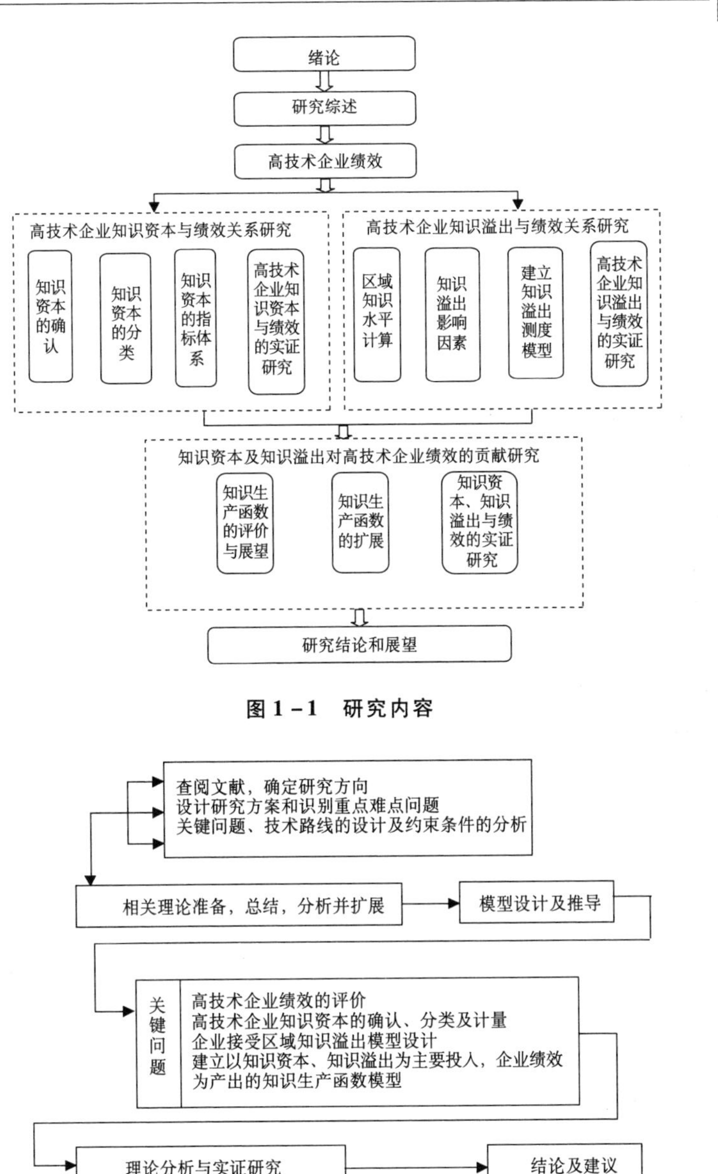

图1-1　研究内容

图1-2　技术路线

1.5 研究方法与主要创新点

1.5.1 研究方法

首先，构建研究框架。对企业知识资本理论、知识溢出理论、知识与企业绩效相关理论进行梳理，从而确定研究的具体领域和可能的创新点，并构建研究的基本框架。

然后，综合各学者的绩效评价观点，基于利益相关者理论建立高技术企业的绩效评价体系；分析现有的知识资本的分类及计量研究不足，确定本书衡量企业知识资本的指标体系；对现有的知识溢出模型进行分析并改进，从而适应企业接受所在区域的知识溢出，动态分析模型中各变量变化对知识溢出的影响；将知识资本、知识溢出、企业绩效引入知识生产函数模型，并且对知识资本、知识溢出与企业绩效的关系从不同的角度进行分析，力图使得到的结论更加深刻和更加接近现实。

最后，利用我国电子通讯及相关的设备制造业上市公司2010~2014年数据进行实证分析，对研究结论进行分析。

在研究方法上灵活运用规范研究与实证研究、定性与定量相结合的研究方法，运用 SPSS，EVIEWS，MATLAB 等软件，采用因子分析、面板数据回归分析、逐步回归分析进行实证研究。

1.5.2 主要创新点

本书在已有国内外大量相关文献及我国高技术企业实际数据的基础上，在以下几个方面作出创新：

第一，建立了高技术企业知识资本的评价体系，构建了知识资本各要素与高技术企业绩效关系的理论机制，提出了相应的理论假说。

本书将高技术企业知识资本分为三部分，包括人力资本、组织资本（分为创新资本和过程资本）和关系资本，并将三者之间的互动关系进行理论分析。高技术知识资本的评价应该建立灵活全面的指标评价体系，有效的知识资本评估是高技术企业知识管理的开端，并贯穿知识资本管理过程的始终，在国内外学者的研究中基本是以问卷调查的形式对知识资本进行衡量。笔者认为问卷调研因人、因时、因地而异，具有很大的主观性。因此，本书建立的知识资本指标体系全部是在上市公司会计报表中能够反映出来的数据基础上，对人力资本、组织资本和关系资本的概念深入分析的前提下提出来的，具有一定的理论支持，同时变量具有客观性，排除了人为因素的影响。

第二，对知识溢出的概念进一步引申，建立企业接受所在区域知识的溢出模型；首次将知识溢出作为影响企业绩效的主要变量进行研究，对知识溢出与高技术企业绩效之间的关系进行理论分析，并提出假说。

已有的知识溢出模型研究建立在区域与区域之间、产业与产业之间、企业与企业之间，本书认为应建立模型分析企业与所在区域间的知识溢出。根据企业知识溢出的影响因素分析，对Caniels 知识溢出模型的假设条件进行修正，将地理距离转换为行业距离，并引入企业创新效率这个参数，建立了企业接受所在区域的知识溢出模型，在该模型的基础上对各参数的变化进行动态分析。知识溢出与企业绩效的关系还没有得到学者的关注和检验，因此本书对两者之间的关系进行理论分析，并通过实证进行检验。

第三，建立基于知识溢出的企业选址、创新和集聚模型，分析了知识溢出效应与企业集聚、自主创新的博弈均衡条件。

首先建立了企业同时选址、同时定价的均衡模型，结果表明单位交通成本越低，知识溢出强度越大，企业越集聚；当知识溢出强度很大时，增加知识溢出强度对两企业的均衡位置影响较小，在知识溢出强度较小时增大知识溢出促进集聚作用会比较明显。其次，建立企业进入后产品定价与自主创新模型，通过建立模型进行博弈分析，发现企业的知识创新与知识溢出的强度有关，而且企业越集聚，随着知识溢出强度的增加，自主知识创新努力越减小。企业集聚产生的两种力量博弈均衡必将是企业一定程度上的集聚，并非越集中越好。

第四，将知识溢出作为内生变量引入知识生产函数模型，同时一个创新是将企业绩效作为企业的产出。

知识生产函数广泛地应用于区域创新的经验分析，大都集中在发达国家。本书分析了知识生产函数的由来和演变，将知识生产函数应用在微观领域；在国内外学者的研究中，知识溢出一直被作为外生变量分析，笔者在模型中将知识溢出作为一种生产要素的投入变量即内生变量进行分析，同时企业生产要素的投入还包括物质资本、劳动力资本、知识资本，企业的最终产出由企业的最终目标来反映，即企业绩效。

利用2010~2014年的我国通讯及相关设备制造业上市公司为样本，采用因子分析、面板数据回归分析等计量经济学方法进行实证分析，验证理论假说，并提出相应的建议。

1.6 本章小结

本章主要介绍了本研究的研究背景、研究目的和研究意义，描述了本书的研究框架和技术路线，并讨论了研究内容及结构安排，最后对本书的主要方法和创新点进行了概括。

第2章 国内外相关研究综述

2.1 知识资本相关研究综述

知识资本相对于物质资本和货币资本具有明显的特征：无形性、依附性、隐蔽性、创新性、流动性，这些特征决定了知识资本在确认和计量上的难度，这也是国内外学者近几年一直致力于研究的课题，对知识资本的研究，主要集中在知识资本的计量与分类上。

2.1.1 知识资本的计量模型

（1）斯堪的亚导航仪（Edvinsson 和 Malone，1993）[29]。1993 年，瑞典的斯堪的亚公司首次发表了历史上第一份公开的智力资本年度报告，在年度报告中用图解的方式表达了智力资本的组成部分。接着，该公司在《智力资本》一书详细阐述了智力资本评估模型——

“导航仪”模型。这一模型是帮助企业识别并报告其隐藏价值的工具。该模型集中于 5 个焦点区域：财务、人力、顾客、流程、更新与发展。这些区域是企业关注的焦点，也是企业知识资本价值的来源。模型整体形状类似一座房子，财务焦点是房顶，两面墙分别为顾客和流程，更新和发展被比喻成房子的根基，而人力资本就构成了房子的核心和灵魂。财务焦点关注的是企业的历史，它是一种对企业过去某时刻状况的精确度量。它包括了资产负债表和其他财务量度等方法。流程焦点处理的是结构化资本的度量。客户焦点致力于客户资本的提高。更新和发展焦点主要包括企业战略的、未来导向度量。最后，人力焦点由员工的才能和能力以及通过培训和学习而导致的这些能力的持续提升组成。

模型中的财务、人力、顾客、流程、更新与发展用 91 项新的智力资本评价指标和 73 项传统指标来测量，运用类比等处理方法将这些指标中的 112 项最终转化成两类指标：绝对值指标和相对值指标，即货币金额和百分率。将用货币金额表示的指标通过预先设定的权重结合起来，计算得出组织的智力资本的货币价值（C）；将用百分率表示的各指标采用一定的权重计算智力资本效率系数（I），这样将两者相乘就得到组织的智力资本价值，即：组织智力资本 = I × C。这种导航仪模型不仅可以获得智力资本的绝对价值（C）的信息，又可评价企业智力资本的组织效率（I），从量上为智力资本管理和投资决策提供数据支持。但导航仪模型没有为智力资本的组成要素提供价值，智力资本的真正价值并没有直接反映出来，指标体系复杂，一些难以量化的指标在模型的推导过程中被剔除了，有些缺乏理论依据。

（2）平衡计分卡（Kaplan 和 Norton，1992）。20 世纪 90 年代，Kaplan 和 Norton 对于业绩评价方面处于领先地位的 12 家公司进行了为期一年的调查研究，以此为基础提出了平衡计分卡。

平衡计分卡是根据企业战略设计的指标体系，其目的是建立一套使企业战略有效执行的目标管理体系。该模式提供一个综合的框架，将企业的愿景和战略转化为一组连贯的按四个不同角度组织的绩效度量指标，这四个角度是：财务、客户、内部业务流程和学习与成长。“平衡计分卡是一个框架，是一种沟通使命和战略语言；它运用度量指标来告诉员工当前和未来成功的驱动因素。通过清楚地解释企业所期望的结果和这些结果的驱动因素，高级执行官希望能够汇聚公司所有的精力、能力和人们的特定知识来完成组织长期的目标”[30]。

平衡计分卡方法的突出特点将企业的发展愿景分解成不同的角度，分别将知识资本测量与企业财务绩效相结合，使知识资本管理的最终目的与企业的长期发展相连接。但是，平衡计分法需要的指标非常多，在一些学者的研究中作为重要的知识资本指标在平衡计分卡中列为企业绩效的测评指标，因此不利于知识资本的独立表述，一些学者在研究知识资本时会参照选取一部分平衡记分卡的指标进行应用，平衡计分卡模型更多的是用于绩效的评价。同时 Bontis 认为这种方法过于教条，可能会遗漏一些重要的企业价值创造因素[31]。

（3）卡尔·埃里克·斯维比（Karl Eric Sveiby）的无形资产监控器 IAM （1997）[32]。Sveiby 主要处理人力资本会计上的问题。尤其是他将股票溢价分成可见权益（账面价值）和无形资产两部分。斯维比进一步将无形资产定义为三部分：外部结构、内部结构与个体能力。外部结构由商标、客户及供应商关系组成。内部结构则是组织的模拟：管理、法律结构、规程体系、态度、研发和软件。个体能力就是员工及其教育和经验。斯维比为三种知识资本确定了三类评价指标：变化、效率和稳定性。无形资产监控器模型首先明确测量体系的目的和使用对象，然后将员工进行分类，从不同角度对无形资产进行管理。无形资产测量体系是一个比较具体的知识资本的量度模型，衡量角度和指标清楚明确，可操作性强。但在股票市场受更多外在因素影响下，这种知识资本的测量会与实际情况差别较大。

(4) 美国会议委员会调查报告。美国会议委员会调查了全球大约十家公司来制定在他们的公司里追踪、评价、提高和交流无形资产的新办法（包括对知识资本及客户满意度提升过程的投资、车间作业以及创新）。这份报告提供了被当前许多公司采用的管理技术的汇总[33]。

(5) 经合组织报告。经合组织报告为人力资本信息和决策系统的评估建立一个通用的概念模型。目标在于完善当前会计制度下投资的培训和学习体系。

对以上五种知识资本模型进行对比分析，有如下分析结论，见表2-1。

表2-1　知识资本模型比较

维度	斯维比	斯堪的亚	平衡记分卡	美国会议委员会	OECD
企业类型	服务	服务	混合	混合	混合
概念基础	知识管理	知识管理	财务/战略	财务/战略	财务/会计
模型是否有助于确定环境	不能	不能	能	不能	不能
定量 VS 定性	90/10	定量	定量	定量	定量
基于财务 VS 基于非财务	20/80	25/75	30/70	无	70/30
内部 VS 外部	内部	外部	55/45	70/30	外部
价值创造 VS 价值萃取	80/20	70/30	65/35	70/30	价值创造
存量 VS 流量	60/40	40/60	流量	流量	流量
收集 VS 阐述	收集	收集	收集	收集	收集
汇报 VS 预测	汇报	汇报	汇报	汇报	汇报
资产利用 VS 分配	利用	利用	利用	利用	利用

资料来源：[美] 帕特里克·沙利文．智力资本管理——企业价值萃取的核心能力．知识产权出版社，2006 (4)。

这五种度量模型，大部分属于定量度量，而且在很大程度上是基于非财务指标，大部分度量是基于内部的；对价值创造活动和存量的度量是个主要的议题；大部分模型专注于知识资本当前或者历史的利用。同样，在这些模型中存在着一些不容忽视的缺陷。包括缺乏定性度量，缺乏预测能力，缺乏解释能力，无法度量知识资本在分配过程中的利益权衡，在知识资本和公司的净利润之间没有清晰的关联。只有平衡记分卡模型强调了企业内部环境的重要性。在度量指标的设定、结果等待和纠正或者修正必要的输入以达到结果微调之间存在过大的时间滞后性。

针对上述问题，出现了知识资本度量模型的进一步改进：

（6）指数法（IC Index）。“导航仪”和无形资产监控器（IAM）模型是第一代知识资本分类评估模型，在实践中得到较多应用，是具有较强操作性的模型。但是这类模型指标变量繁多，不便于跟踪控制，同时企业之间的可比性差。基于这种情况，Roos 在斯堪的亚公司 1997 年年报的知识资本附录中首次使用了知识资本指数模型（IC Index）。知识资本指数主要用来监测知识资本的动态变化，它从外部性出发，强调知识资本与物质资本的区别，知识资本指数是一种自我校正指数，它将反映企业长期目标的两种信息，知识资本和企业绩效相联系，通过赋予不同指标权重后综合成一个最终的知识资本指数。当指数不能反映企业市场价值的变化时，说明所选取的指标或权重有问题，应对指标的计算重新设定。

知识资本指数模型与第一代知识资本分类评估方法比较的优势在于主要依赖价值判断，与企业目标相联系，强调客观指标的运用，提高了知识资本在企业价值创造上的可观测性，方便企业管理者了解知识资本动态变化，便于企业之间知识资本的横向比较。这种方法的缺陷是知识资本指数的准确性需要验证。

（7）知识资本审计测量模型（DIC）。“导航仪”、无形资产监控器及知识资本指数是通过具体指标的设定及测量后计算企业的知识资本，方法和内容上属于定量评估，安妮·布鲁金在1997 年提出的知识资本审计测量模型则属于定性分析方法，安妮·布鲁金将知识资本界定为市场资产、知识产权资产、以人力为中心的资产和基础结构资产四个组成部分。该模型首先提出20 个有关知识资本的问题，如果企业给予肯定回答的越少，就说明该企业的知识资本越有必要予以关注其存在的问题。然后根据知识资本的四个组成部分选取 178 个问题向企业咨询，目的是确定智力资本的隐含价值[34]。

安妮·布鲁金给出了知识资本审计测量模型的思路，但还未形成系统的专门的知识资本审计模型，国内外学者开始对无形资产、人力资源、企业 R&D 能力、企业技术创新能力、企业知识管理能力的审计模型展开讨论。DIC 的定性问题被称为知识资本的“工具箱”，审计测量模型关注的问题可以提醒企业关注知识资本的运行、管理和效果，而且问卷调查的方式简便易行，所需耗费的成本少，可以提醒企业管理者重点应对的问题，对企业管理有较大作用。然而知识资本审计测量模型将定性问题分析来表示企业的知识资本，得出的计量结果可信性较小，因为问卷调查得到的定性结果与实际情况通常有较大出入。

综合以上分析，将知识资本细化成小的、可以确认和计量的指标，然后再分别对这些指标的测量结果进行分析比较，这样知识资本不再是一个抽象的概念，而是可以用科学的方法表述清楚的，从管理实践上看，可以为企业管理提供不同时期和不同主体之间的比较，帮助管理者从中发现问题，寻求差异的原因，从而制定管理及投资决策。知识资本的价值评估是目前知识资本研究的主流，但是目前各位学者所研究提出的知识资本评估方法在分类、计量上众说纷纭，没有达成共识，大部分是基于概念定性研究，实证中变量衡量方法也多种多样，这也是分类评估方法的重大缺陷。

2.1.2　知识资本的分类

有关知识资本的分类构成众说纷纭，下面四种分类颇具代表性。

（1）埃德文森和沙利文的知识资本二因子结构。埃德文森和沙利文（1996）把知识资本分为两部分：人力资源（human resource）和结构性资本（structural capital）[10]。其中人力资源指组织中所有的体现在人自身的资本，他们认为人力资源除了包括企业的员工、所有者还包括企业的合伙伙伴、供应商、客户等所有能给企业带来增值的个人能力、经验和技能等。结构性资本指独立于企业人力资源而存在的组织的其他所有能力，从其存在形态上看，包括有形资源和无形资源。无形资源指的是企业的信息技术、网络数据库、经营流程、战略展望、企业信誉与历史文化、企业发展目标及经营理念等无形知识资产。而有形资源的内容更广泛，包括组织的财务资产、基础设施和企业资产表中的所有有价值的经营性资产。知识资产在结构性资本中占有重要地位，是企业从事价值创新活动的重要支撑。知识一旦被编码，被模仿的机会就产生了，因此企业为了保持竞争优势，促进知识的创新产出，就必须加强知识产权保护。获得法律保护的知识资产就称为知识产权。企业既可以拥有知识产权的所有权，也可以对知识产权的使用权进行租赁。知识资产作用于企业的经营性资产而实现其市场价值。除了企业资产负债表上所有有价值的项目外，企业拥有的销售网络、供应网络、服务水平 和组织内外部沟通协调能力都认同为经营性资产。知识资产的价值实现和增值需要有合适的经营性资产作支撑。知识资本的简明表达式为：

知识资本 = 人力资源 + 结构性资本（包括知识资产和经营性资产）

（2）斯图尔特的三因子结构。斯图尔特（1997）认为企业知识资本由人力资本、结构资本和顾客资本三部分组成[12]。其中，人力资本是指企业员工所具有的各种技能与知识，人力资本是企业知识资本的重要基础，且以隐含的方式存在于企业中，因所有权不归企业所有，人力资本隐藏在员工个体中未被也难以被编码。企业的组织结构、制度规范和组织文化等内容构成了企业的结构性资本。顾客资本指企业与顾客的关系，包括市场营销途径、顾客忠诚度和企业信誉等经营性资产。人力资本、结构资本、顾客资本三者相互作用，共同促进企业知识资本的增值。

（3）斯维比的三因子结构。斯维比（1997）在《新的组织财富》一书中，把知识资本分成三部分：员工能力、内部结构和外部结构[11]。员工能力是指在各种条件下创造有形资产和无形资产的能力；内部结构是指组织内部的知识流动，包括专利、概念、模型、电脑系统和管理体系，其作用是为参与并同客户一道创造知识过程的专业人士提供工作支持；而外部结构包括企业与客户和供应商的关系，还包括品牌、注册商标及公司的声誉或形象。外部结构的价值主要取决于公司如何有效地解决客户的各种问题，因此总有某些不确定性。虽然这种观点不及埃德文森和沙利文、斯图尔特的观点流行，但是斯维比对组织人力资本的概念界定更清楚，斯维比认为人力资本仅限于本企业的员工能力，企业外部顾客和供应商等不包含在内，另一方面他将结构性资本从企业内部和企业外部作了明确区分，思路更为明晰、简洁，同时具有较强的辨认性和可操作性。

（4）安妮·布鲁金（1996）的四因子结构。布鲁金认为知识资本应分成四大类：市场资产（market asset）、知识产权资产、人才资产、基础结构资产[35]。市场资产包括与产品市场相关的各种品牌、顾客以及顾客的信赖程度、营销渠道、专利专营合同协议等；知识产权资产则主要指专有技术、商业秘密、商标权、版权、专利权等；人才资产从员工个人本身来概括，包括员工的整体技能、创造水平、应对问题的能力、领导才能、企业管理效率等；基础结构资产主要指企业以文字形式记录下来的企业生产技术、工艺、流程以及管理经验等。

我国学者也纷纷对知识资本的构成进行研究，申明（1998）认同安妮·布鲁金的看法，认为知识资本由四部分构成：市场资产、知识产权资产、人力资产和组织管理资产[36]。郝丽平，黄福广（1999）从剖析知识资本及其与传统资本的差别入手，将知识资本分为人力资本、组织结构资本和客户资本三部分，这种分类与斯图尔特的分类相似[37]。保建云（1999）提出知识资本应细化，包括人力资本、管理资本、知识产权资本、顾客资本和市场资本五个组成部分[38]。郑晗（2000）从“知本、智本和人本”三个角度探讨知识资本的组成[39]。仇元福，潘旭伟等（2002）将知识资本分为四部分，即人力资本、结构资本、技术资本和市场资本，并较详细地分析了每部分的主要构成，认为它们之间相互独立，又是不可分割、互有联系的[40]。黄汉民（2003）认为知识资本是企业所有能用于产生价值或资源配置的知识积累及其运用。他认为企业知识资本的本质是企业知识元素的集合，知识资本的形成来自于企业的人力资本、组织资本和社会资本的能动作用[42]。朱学义，黄元元（2004）对智力资本的概念、分类、内容构成、核算体系进行了探讨，认为智力资本包括知识资本、智能资本和拓创资本，知识资本是智力资本的一部分，定义为将人的知识作为产权要素确认和反映的资本[43]。张炜，王重鸣（2007）从斯堪的亚导航仪模型出发，结合高技术企业的组织特征，认为中小技术企业创业智力资本是由人力资本、结构资本、客户资本和创新资本四个维度构成[44]。卫武，何敏（2016）认为组织知识必须依附于一定主体才能实现转化，在适宜的环境下，知识和资本就可以进行良好的结合，个人、团队和组织知识则分别转化为人力、团队和组织资本，从而提升企业价值[44]。

从上述国内外学者对知识资本的分类观点来看，尽管分类维度不同但内容有许多相似之处：都是首先提出知识资本的概念模型，然后进行理论分析，从方便确认和计量的角度分几个部分来构成企业的知识资本；因人力资本在概念上和计量上界定清楚，各学者都将人力资本作为独立要素列为知识资本重要的一部分，主要表现为员工所具有的知识、经验、技能和能力；知识资本构成虽然有两元说，三元说，四元说等，但涵盖的基本内容大致相同，只是在知识资本的分类上有粗细之分。如埃德文森和沙利文二因子说，将企业内部人员和企业利益关系人中与人有关的资本列为人力资本，而斯维比将其划分为企业内部员工能力和外部结构；分类仍然停留在抽象的层面上，如组织资本如何衡量，如何设计指标，如何选取变量都没有达成一致意见，对知识资本的管理没有直接的指导意义；属于每一类的资本的界线不很清楚，知识资本的分类范围仍然比较宽。但这种概念上对知识资本的研究已经比先前简单认同为知识资本的模式（如用资本溢价、无形资产或商誉代表知识资本）有了很大的进步，从概念上的界定更清晰，为以后知识资本设立账户，纳入报表体系，进行规范的确认、分类、计量、报告以及审计提供了基础。

其实，这些知识资本构成模型在应用上还存在一个根本性问题，就是无法将作为企业价值创造源泉的知识资本的实质表达出来，大多学者的研究，采用设计问卷，进行问卷调查的形式来概括知识资本，指标设计不统一，由于无法将测量知识资本的变量指标具体化、规范化，各学者得到的研究结论之间可比性较差，对知识资本的评价一般是基于静态特征，而知识资本的动态活动没有得以体现。

2.1.3 知识资本对企业绩效影响的研究述评

（1）国外研究现状。Lööf，Hans（2002）分析了企业的知识资本与绩效之间的关系，发现知识资本显著影响企业的绩效，其中雇员的创新投入显著正影响企业绩效，技术创新可以带来双倍的生产率的增长，僵化的组织形式严重影响了企业的绩效[45]。Raine 和 Ilkka（2003）对现实的知识资本与中小企业的预期销售额的关系进行研究，研究结果证明，人力资本、结构资本和关系资本的平衡能实现最高水平的预期销售额[46]。Pena（2002）以新创企业为研究对象，结果显示，企业家人力资本（即教育、企业经验和激励水平）、组织资本（即企业快速适应变化的能力和实施成功战略的能力）和关系资本（即生产性企业网络的发展和迅速接近关键利益关系人）是重要的无形资产，它与投资绩效存在正相关关系[47]。Engstrom，Westnes（2003）以酒店业为样本验证了知识资本与企业绩效的关系，得到如下结果：酒店的人力资本和结构资本越高，利润越大；客户资本和结构资本越高，企业绩效越高；人力资本和结构资本的关联度最大，人力资本与顾客资本或者顾客资本和结构资本的关系较弱[48]。Riahi - Belkaoui（2003）利用美国 Forbes 杂志公布的“最国际化”的 81 家制造业和服务业公司数据进行了研究，结果说明，知识资本与公司财务绩效存在显著正相关，知识资本是超额利润的来源之一[49]。Steven Firer（2003）以南非企业为样本，对智力增值系数 VAIC（Value Added Intellectual Coefficient）的三个组成部分进行了实证研究，结果发现物质资本与企业的市场评价有积极的正向关系，结构资本对企业的获利能力也有正向促进作用，而人力资本在南非的企业中并没有扮演积极的促进作用[50]。YU－SHAN CHEN. e al（2006）以台湾地区制造业公司为例，验证知识资本与新产品发展绩效之间的关系，结果表明，人力资本、组织资本、关系资本与新产品发展绩效之间存在显著的正相关关系，且行业增长率越高，关系越明显，关系资本作用最大，其次是人力资本，最后是组织资本[51]。

（2）国内研究现状。程承坪（2001）认为企业绩效是企业家能力、企业家生产性努力、企业家掌握的资源数量和质量、环境随机因素四个变量的函数，认为企业家人力资本对企业绩效有重要作用[52]。方润生，李垣（2002）通过对企业管理层人员变动与企业绩效的实证分析，指出为适应外部环境变化的要求而进行管理层的人事变动，对企业绩效的提高具有明显的促进作用。结果还表明，由管理层人事变动带来的组织结构等正式制度安排和经营理念等非正式制度安排的变化，是改善企业绩效的一个必要条件[53]。雷井生（2009）采用访谈和调查问卷相结合的方式收集数据进行验证，表明中小企业组织距离、学习型文化、知识差距和企业对群体绩效的激励程度是知识资本绩效实现的 4 个最重要的影响因素[54]。张芸等（2009）以 2005～2007 年在上海证券交易所和深圳证券交易所交易的 420 家上市公司为研究对象，对知识资本与高技术行业和传统行业组织绩效之间的关系进行实证分析，发现知识资本对高技术企业组织绩效的贡献度高于传统行业[55]。于洪菲（2013）对 2002～2011 年我国高科技上市公司进行实证分析发现，知识资本只有作用于物质资本，不断加强知识资本和物质资本的协同作用，才能促进企业绩效的提高[56]。

陈恒，徐睿姝（2015）利用ARIM模型从人力资本、结构资本和关系资本三个维度测量企业知识资本存量；回归分析探究知识资本对制药企业长期效率的影响，实证表明知识资本对提高企业效率具有显著作用[57]。朱思文，游达明（2015）利用国内149家高新技术企业调研数据，发现开放式创新背景下，企业人力资本、外部社会资本和内部社会资本对企业创新绩效具有正向影响，人力资本和内部社会资本的交互作用对企业创新绩效具有正向影响[58]。喻登科等（2016）研究表明知识资本中的人力资本企业绩效有正向影响，企业组织可通过调节知识资本与性格特质的投资组合，利用两者交互影响来提升企业绩效[59]。

综上所述，目前对知识资本与企业绩效的研究主要集中在对人力资本与企业绩效的研究上；从知识资本对企业绩效的贡献度上看，高技术行业要明显高于传统行业，因此对知识资本的研究多限于高技术行业；从知识资本分类的概念模型上看，知识资本不仅包括人力资本，还包括关系资本和结构资本，人力资本作为知识资本的核心和高级形式，其对企业的贡献已得到了人们的普遍认同，但单独研究人力资本对企业绩效的贡献显然是不全面的，知识资本的构成部分对企业绩效影响程度和方式不同，必须对各个子要素单独进行分析，从中发现规律。再者，国内目前对知识资本的研究主要采用规范研究方法，还没有足够的证据支持知识资本对企业绩效的积极作用；各学者对知识资本的分类及确认不同，所得到的结果也有很大的差异。因此，研究知识资本与企业绩效之间的关系，必须对知识资本的构成进行探讨，然后再讨论知识资本各组成部分对企业绩效的贡献。

2.2　知识溢出相关研究综述

2.2.1　知识溢出影响因素的研究现状

（1）社会网络、企业家精神和高校及公共研究部门组织。Saxenien（1994）以美国硅谷、波士顿等地企业为样本，研究结果显示，企业之间稳定的社会关系网络提高了企业的创新能力，从而降低了企业的交易成本[60]。Malecki（1997）研究发现高技术产业区内技术工人对知识溢出有重要作用，同时科学家与工程师作为溢出源明显影响企业创新的地理分布[61]。Cockburn 和 Henderson（1998）研究了企业与外部科研机构之间联系能否增强知识溢出问题，发现利用科研机构的知识溢出能够给企业带来超额 R&D 投资回报，提出企业应注重与高校之间的密切关系、积极参与科研机构的相关技术研究，在合作与交往中因获得知识溢出而受益[62]。Feldman（2001）研究成果显示企业家精神对创新活动集聚与知识溢出有显著的促进作用[63]。Franke（2002）、Elder 和 Hall（2010）等的实证研究，均表明该地区高校和其他公共研究部门越多，私营部门的研发活动大量集聚，研发深度的企业也越来越多[64][65]。Marylène Mille（2004）研究表明大学对当地的知识溢出是一个动态的增长过程，需要在长期内影响当地的经济增长，大学的知识溢出路径一是为当地企业提供技术人才，二是帮助企业进行研发活动，以此促进技术进步[66]。禹海慧（2015）研究发现，内外部社会网络有助于企业知识资本的增加及其作用的发挥；知识资本的各个构成要素通过彼此间的相互作用关系，直接或间接地影响企业技术、制度创新能力[67]。

（2）接受者的知识吸收能力。Olfsdotter（1998）在研究 FDI 溢出效应时，认为东道国的吸收能力不仅取决于东道国的人力资本存量的大小，而且还受制于东道国的经济开放程度、宏观政策、人口增长率、基础设施建设甚至行政管理水平、知识产权保护度这类因素，他将吸收能力的概念大大拓宽了[68]。Agrawal（2000）提出产业区间的知识溢出受接受者对知识的认知能力、吸收能力与新技术知识转化能力的影响[69]。Cohen 和 Levinthal（1990）研究结果表明企业自身的 R&D 投资带来了知识吸收能力的增长，因此能免费享受集群外部的公共知识，从而带来生产率的提高[70]。Borensztein 等学者（1998）首次使用人力资本衡量东道国的知识吸收能力，吸收能力被赋予具体数据，他的研究结果表明外商直接投资与东道国的人力资本存量的联合作用对东道国的经济增长有明显的推动作用，而且这一推动作用要远远超过单纯的资本积累作用。他们的研究也表明，FDI 的技术外溢作用存在一个限定条件，即“临界水平”，也就是说只有当东道国人力资本存量达到一定水平，有足够的吸收能力时，东道国才能吸收 FDI 的技术外溢[71]。Lai 等（2006）研究表明外商直接投资的知识溢出效果与中国本土区域的知识吸收能力有关[72]。

孙兆刚等（2005）研究发现，企业自身学习能力、学习机制、企业研发投入影响企业吸收的知识溢出，另外，企业所在区域整体的文化水平、经济基础、社会网络和政治因素也会影响企业的知识溢出[73]。沙文兵（2013）实证了我国高技术产业吸收能力对 FDI 知识溢出、进而对内资企业创新能力的影响，结果表明，高技术企业的吸收能力对于 FDI 知识溢出效应具有非线性影响，两者呈现出“U 型”关系[74]。庄小将（2016）通过对 209 家企业的问卷调查与结构方程模型分析，认为组织学习可以影响知识溢出，通过组织学习影响集群企业技术创新绩效[75]。

（3）地理距离。Bottazzi 和 Peri（2003）对 1988～1995 年欧洲企业创新行为进行调查研究，指出溢出效应的有效地理范围在 300 千米左右[76]。Funke 和 Niebuhr（2005）使用稳健估计技术以西德功能区为样本利用 1976～1996 年资料来检验区域知识强度与区域技术溢出对劳动生产率的影响，结果显示知识溢出效应并不受功能区的限制，相邻区域间有显著的知识溢出效应，且随着地理位置的衰减，知识溢出效应受到限制[77]。王文翌，安同良（2014）以 2003～2011 年中国制造业上市公司为考察对象，分析了地理距离对知识溢出的影响，随着地理距离的衰减，专业化知识溢出减弱，使上市公司 R&D 绩效仍高于未接受知识溢出的上市公司[78]。

（4）知识势差。Kokko 等人（1996）认为，当内外资技术差距小时，溢出效应才是显著的，其解释为当内资企业在技术差距小时有能力进行学习和追赶；而当技术差距太大时，内资企业缺乏相应的学习能力，无法吸收外资企业的先进技术[79]。陈涛涛（2003）在研究 FDI 对东道国行业内溢出效应时提出，“技术差距”是影响 FDI 对我国行业内溢出效应的最直接的、也是最重要因素之一。他将“企业规模差距”、“资本密集度差距”以及“技术差距”一同作为影响外商直接投资行业内溢出效应的行业要素，结果表明“资本密集度”以及“行业集中度”对我国 FDI 溢出效应的影响只有在与技术差距共同考察时才会反映出来[80]。陈搏（2007）定义知识距离，指新知识的某一信息状态转移到与买方的基础知识实现共同信息最多的新知识信息表达状态的距离。一项知识可以用多种信息状态来表达，其中必定有一种信息表达与买方现有的基础知识的信息表达实现最多的共同信息，这时的知识距离最短（趋近于 0）。对于买方来说，知识距离最短就意味着新知识的信息量最少[81]。

（5）人才流动。韩伯棠，朱美光（2005）依据硅谷计算机科技人才流动模型，对高新区科技人才流动进行分析，提出了基于知识溢出的高新区科技人才流动对策[82]。

（6）行业因素。Sjoholm（1999）运用多元回归分析模型研究，某一厂商的产出与行业平均产出之比、人均资本量、时间和行业四个自变量对人均增加值这一因变量的影响，研究中按照行业竞争程度和技术相邻程度分组，分别建立回归模型进行回归检验，以确定产业集中度和技术差距两个变量对溢出的影响程度。研究结论为印度尼西亚本地企业从FDI中获益，不同的行业表现出来的人均增加值水平不同。在竞争性高的行业中，溢出效果较好[83]。张昕，李廉水（2007）研究表明各类知识溢出对区域创新绩效的影响存在行业间差异和国家间差异[84]。

综合国内外对溢出影响因素的研究发现，溢出效应存在于区域与区域之间、产业与产业之间、企业与企业之间，且溢出是双向的，对溢出影响因素的研究包括区域（产业或企业）的吸收能力、区域（产业或企业）间距离、知识存量差距、人员流动、行业因素。而对微观企业如何接受所在区域的知识溢出研究少之甚少，企业接受外部环境知识溢出的影响因素应与区域与区域之间知识溢出的路径相似，但对微观企业接受所在区域知识溢出的影响因素要结合企业本身特点具体考虑。

2.2.2 知识溢出的研究模型述评

（1）Manfield E. 的S型扩散模型。Manfield E. 将传染病的传播原理与罗杰斯特“生长曲线”用于技术创新扩散模型的研究中，提出了著名的S型扩散模型。该模型用来说明在利润驱动下模仿或吸收创新知识的厂商数量增长随时间的变化过程[85][86]。

该模型虽然是经典的更替性技术创新扩散模型，但是只考虑了企业在吸收技术创新过程中的利益驱动因素，而且仅仅考虑了技术创新更替现有技术的一种特殊情况。技术创新的扩散以及知识溢出受到各方面条件的影响，而非仅仅来自于利益驱动。

（2）阿罗的“干中学（Learning by Doing）”与罗默（Romer）的知识溢出模型。诺贝尔经济学奖的获得者阿罗（Arrow，1962）认为，知识的获得即“学习”，是“经验的产物”，而不仅仅是时间的函数[87]。企业在进行投资和生产的过程中会逐步积累起生产经验和更有效的生产知识，而这些知识能够提高企业的生产效率；由于一个企业获得的生产经验和生产知识也能够被其他企业所利用，因此一个企业的生产率可以视为整个经济总投资的函数。也就是说，知识的创造是投资的“副产品”（即干中学），知识的溢出导致了整个经济生产率的提高（即溢出效应）。

但是干中学（Learning by Doing）有明显的缺陷：其一，它认为技术进步是一个渐进的过程，而实际上技术有可能发生突进；其二，它认为技术进步来自于经验的积累，而实际是技术的创新与开发从未间断过；其三，它认为技术进步是副产品，无须单独投资即可获得，而实际是大量的产商、研究机构、政府投入巨资应用到基础和应用研究中。

考虑到阿罗研究的不足，罗默（Romer，1886）以阿罗的“干中学”概念为基础，提出了以知识生产和知识溢出为基础的知识溢出模型[88]。罗默假定代表性厂商的产出是该厂商的知识水平 $k[\,,i]$ 、其他有形投入 $x[\,,i]$（例如物质资本和普通劳动等）和区域总知识存量 K 的函数。代表性厂商将总知识水平 K 视为给定的变量，且是外部性的，因此生产函数表现为不变规模收益，满足新古典生产函数的假定；但对整个经济（假定它由 n 个同质的厂商组成）而言，该生产函数表现为规模收益递增，这是因为在这里，总知识水平 K 增长率取决于现有 K 水平和投资数额（产出中没有用于消费的部分）。这样，罗默模型实际上同“干中学”模型一样，通过知识积累的“副产品”性质和知识存量的外部性得到了内生增长。

但是，“干中学”和罗默的知识溢出模型仅仅通过技术进步与生产产量之间的关系分析了知识溢出的效用（即知识溢出在经济增长中所起的作用，以及知识溢出对资源规模效益递增的解释），而并没有考虑知识溢出的影响因素对知识溢出强弱或大小的影响，更没有建立关于知识溢出的影响因素模型，更不用说对知识溢出本身进行深入的分析和研究。

（3）Bart Verspagen 与 M. C. J. Caniëls 空间知识溢出蜂巢模型。伯特·弗森伯格（Bart Verspagen，1991、1993）对于知识溢出的研究是通过研究区域间技术追赶问题开始的。他认为区域间的知识溢出取决于区域的学习能力和知识存量[89][90]。区域间知识溢出的表达式为：

$$S = \alpha G.e^{-\frac{G}{\delta}}$$

其中，S 为区域间实际知识溢出；α，($0 < \alpha < 1$) 为潜在知识溢出系数；G 为区域知识存量；αG 为区域间潜在知识溢出；δ 为区域的学习能力。

根据上述分析，区域学习能力与区域间知识存量的差距有密切的相关性：当区域的学习能力 δ 增大情况下，$e^{-\frac{G}{\delta}} \to 1$ 时，区域间发生的实际溢出趋向于区域间能够发生的潜在溢出；当区域的学习能力 δ 减小情况下，$e^{-\frac{G}{\delta}} \to 0$ 时，区域间发生的实际溢出趋向于零。考虑区域知识学习能力影响，区域间知识溢出随着区域间知识存量差距的增大而逐步减小；随着区域的学习能力增强，区域间的知识溢出效应增大。

Bart Verspagen 的知识溢出模型开始考虑学习能力和知识存

量对知识溢出的影响，但是该模型的缺陷仍然是过于简单。

凯尼尔斯（M. C. J. Caniëls）通过引入 Arrow 的“干中学”概念，将干中学效应（Verdoorn effect）纳入区域知识溢出研究范围，对伯特·弗森伯格的模型进行了修正，构建出基于六边形区域的空间知识溢出蜂巢模型[91]。M. C. J. Caniëls 的知识溢出蜂巢模型较为全面地反映了各种影响因素对知识溢出的影响。但这模型只适合区域与区域之间、产业与产业之间、企业与企业之间的知识溢出。而微观企业吸收所在区域的知识溢出必须对模型进行改进。

2.2.3　知识溢出对企业绩效影响的研究现状

Griliches（1986）以美国企业资料为样本，研究 R&D 对生产率增长的影响，结果表明 R&D 对生产率的增长有很高的贡献率。其中基础研究对生产率增长的贡献比其他类型的 R&D 更重要，在微观企业水平，私有企业自发的研发活动比政府资助的研发活动更有效率[92]。Romer（1986）、Lucas（1988，1993）都认同知识溢出是区域经济增长的发动机这一观点[88][93][94]。Smith（1999）利用 H－O 贸易模型来研究美国产业之间和州之间的知识溢出对其制造业劳动生产率增长的贡献，发现知识溢出对州自身制造业劳动生产率增长贡献很大[95]。Stel 和 Henry（2002）表明区域竞争与产业之间知识溢出对产业部门经济增长影响显著[96]；Cainelli 等（2003）研究欧洲 89 个区域 1980－1992 年产业区内、国内产业区之间和国家之间三个层面的国际知识溢出效应，研究表明知识溢出对各区域制造业劳动生产率有显著影响，但三个层面的影响程度不同[97]。Jong－Rong Chen，等（2005）以台湾制造业公司 1990～1997 年的面板数据研究知识溢出与企业生产率的关系，结果表明区域专利水平和 R&D 投入与企业生产率正相关，且专利水平溢出更明显，企业创新水平显著影响企业的产出[98]。

我国学者张昕、李廉水（2007）探讨制造业生产行为聚集所产生的各类知识溢出对区域创新绩效的影响，发现知识的专业化溢出对两类制造业的区域创新存在积极影响；多样化溢出对医药制造业区域创新绩效的影响为正，对电子及通讯设备制造业的影响为负。实证结果表明，各类知识溢出对区域创新绩效的影响存在行业间差异和国家间差异[84]。许学国等（2013）实证研究了潜在的吸收能力对企业创新绩效的影响更大；而实现的吸收能力作用于知识溢出对创新绩效的提升作用更明显[99]。汪辉平（2016）采用1999－2013年中国省际面板数据和空间杜宾模型，发现知识资本存在显著的空间溢出效应，对本地区和相邻地区工业全要素生产率、技术效率改进和技术进步具有促进作用[100]。杨皎平，侯楠（2016）采用数学模型和实证分析研究了集群内部知识溢出对创新绩效的影响。结果显示集群内企业间知识溢出对创新绩效具有双向影响，表现为随着知识溢出的增加，集群创新绩效呈倒U型变化[101]。

综上分析，国内外对知识溢出研究多集中在溢出效应对区域经济增长的贡献上，基本上都是从宏观的角度来实证研究，而从微观角度考虑。知识分为源于内部知识和源于外部知识，对企业的绩效都会做出贡献，国内外学者对这方面的研究甚少，将两者进行结合探讨知识对企业绩效的贡献更是一个全新的角度，因此企业知识资本与接受的区域知识溢出对企业绩效的影响研究是必要的。

2.3 本章小结

本章主要对知识资本的测量模型、知识资本的分类进行了综述，评价了知识资本在计量与分类上的研究特点及不足；综合国内外学者对知识资本与企业绩效关系的实证结论，认为知识资本与企业绩效有显著的正相关关系。

本章首先对知识溢出影响因素研究进行总结，包括社会网络、企业家精神和高校及公共研究部门、知识吸收能力、行业因素、地理距离、知识势差、人才流动。其次，对知识溢出的研究模型进行述评，包括 Manfield E. 的 S 型扩散模型、阿罗的“干中学”与罗默（Romer）的知识溢出模型、Bart Verspagen 与 M. C. J. Caniëls 空间知识溢出蜂巢模型。最后，对知识溢出与绩效的关系研究进行述评。

第3章 高技术企业绩效的评价

从管理的历史实践来看，综合国内外学者有关企业绩效评价的研究成果，对于企业绩效评价，可谓“汗牛充栋”。企业绩效评价之所以受到如此关注，是因为企业绩效评价的结果不仅可以作为评价的依据，而且有效的绩效评价过程可以促进效率的提高。从最初的成本业绩评价到财务业绩评价，从强调“即期绩效”发展到强调“未来绩效”，从只评价财务绩效到将财务绩效和非财务绩效相结合的综合评价，这些都充分地说明，无论是组织还是个人，都必须以系统和发展的眼光来认识和理解绩效。如果只从单一的层面去静止地理解和评价绩效，就可能导致片面地评价企业的错误。在评价企业的绩效时，有一个问题是不容忽视的，那就是应当从谁的角度来考虑这一问题。在传统的财务管理理论中，企业财务管理的目标是股东财富最大化，股东价值俨然成为企业价值的同义词。其实，两者是有区分的，股东价值毫无疑问归属于全体股东，但企业价值应该归属于企业利益相关方，不仅包括全体股东，还包括员工、顾客、供应商、政府等。因此利益相关人学说得到了越来越多的重视。

3.1 企业绩效评价模式

在会计研究领域，绩效评价一直是管理会计的重要内容，从一百多年前对远离总部的生产部门成本和效率的评价，到 20 世纪初杜邦财务分析体系中强调的对分部投资效益的评价，绩效评价的理论和视角不断发生变化。绩效评价理论综合吸收了管理学、组织行为学等学科的相关理论思想，代表性的理论有委托——代理理论、激励理论、控制理论和战略管理理论等，这些理论研究的结论为企业绩效评价奠定了理论基础，也为绩效评价提供了指导性建议。

3.1.1 财务指标评价模式

财务指标评价模式是指评价绩效的指标主要是从会计报表中直接获取数据或根据其中的数据计算的有关财务比率。早在 20 世纪初，泰罗的科学管理理论原理影响了整个企业界，泰罗的标准作业成本法，即利用实际成本和标准成本之间的差异控制企业的经营。随后，标准成本、预算控制和差异分析等方法被广泛地使用在绩效评价上，泰罗的这种管理思想影响了之后的几十年的绩效评价系统。

多元化经营和分权化管理为绩效评价提供了进一步创新的机会。杜邦家族，特别是在皮埃尔·杜邦担任董事长时努力扩大泰罗成本概念的应用范围，不仅用来衡量生产效率，而且也用来衡量整体绩效。早在1903年，杜邦火药公司就开始执行投资报酬率法来评价公司绩效。杜邦公司的财务主管唐纳森·布朗将投资报酬率法发展成为一个评价各个部门绩效的手段，建立了杜邦公式，即“投资报酬率＝资产周转率×销售利润率”，并发明了至今仍广泛应用的“杜邦系统图”。

随着企业规模的扩大和资本市场的发展，投资者对于企业投资回报能力的要求受到了越来越多的重视。销售利润率、投资报酬率、剩余收益为大多数企业采用的绩效评价指标。随着市场竞争的加剧，企业对风险（经营风险、市场风险、财务风险）的评估日益重视，逐步形成了预算与实际利润比较、投资报酬率、现金流量等财务指标为主的绩效评价方法体系。1923～1933年的经济危机之后，来自企业外部的会计准则和各种规范越来越多，这些要求使企业越来越多地将注意力集中在对外财务报告上。鉴于信息收集、处理及编报的高成本，使得企业把外部利益集团报告的信息也用于指导企业的内部经营，而忽视了用于改善企业内部管理决策的信息系统建设。因此，绩效评价指标以财务指标为主是外部环境和内部条件共同作用的结果，并且这种局面一直持续到20世纪80年代[102]。

财务指标评价企业的绩效有如下优点：可比性强，财务数据客观，减少数据调整的工作量，易于操作；但其缺点更加明显，财务指标可以告诉我们，采用的战略活动获得了成功，创造了财富和提升了企业价值，财务指标只反映过去业务的结果，无法反映产生结果的动因，同时它也无法告诉我们将来怎样，依靠财务数据评价企业和管理企业就像依靠后视镜开车。在公认会计准则下，会计收益的计算没考虑所有资本的成本，仅仅扣除了债务资本的成本，忽略了对权益资本的补偿；在物价变动的情况下，传统的以历史成本为基础的绩效评价的方法会使会计信息失真，虽然理论上可以利用一些新的财务指标，如现金流量将传统的会计信息加以调整，以预测企业未来的现金流量，然而在实务上却遇到客观性与可靠性问题；财务指标容易受到会计政策的影响，不同的会计政策会使财务指标发生较大的变化；财务指标具有强烈的短期性，单一的财务指标会使责任中心的经理行为短期化。

3.1.2　非财务指标评价模式

随着经济与管理的发展，企业绩效评价深受组织管理思想的影响，行为科学的发展，使人们意识到绩效评价指标不仅能够衡量经营活动的结果，而且不同的绩效评价类型会对组织人员的行为产生不同的影响，以至于对绩效产生影响。20 世纪 70 年代，组织绩效评价关注的重点是预算和成本利润等财务指标。有研究人员发现，相对于以利润为绩效评价指标的企业，基于预算进行绩效评价的企业中观察到更多的与工作相联系的压力和功能失调行为。这些研究结论引起了学术界的关注，组织行为学运用到企业绩效的评价系统当中。

同时，20 世纪中后期，由于日本和欧洲对美国经济的挑战和经济全球化的影响，出现了许多新的管理理念：竞争战略、核心竞争力、扁平化组织、虚拟公司、集成制造、价值链分析、适时制、质量成本分析、作业管理等等。这些管理思想都对企业的绩效评价产生影响。如迈克尔·波特（Dr. Michael Porter）在其经典巨著《竞争战略》一书中，提出了行业结构分析的五力模型。波特认为，行业现有的竞争状况、供应商的议价能力、客户的议价能力、替代产品或服务的威胁、新进入者的威胁这五大竞争驱动力决定了企业的盈利能力，并指出公司战略的核心应在于选择正确的行业以及行业中最具有吸引力的竞争位置。

这些理念的产生，使得以会计指标为核心的传统的绩效评价，在组织控制时间的变化中受到了质疑。随着战略管理的应用，组织绩效的评价目光投向企业的战略计划和未来的发展，企业更强调客户、竞争和其他外部因素的作用，这使得原有的以财务指标为核心的绩效评价体系受到冲击，更多的公司注意到非财务指标对绩效评价的作用，生产力及员工培训、新产品的开发能力、产品和服务的质量、市场占有率、客户满意度、企业学习和成长能力、与政府关系等非财务指标逐渐在企业的绩效衡量上扮演者越来越重要的角色。

非财务指标与传统的财务指标相比，具有明显差异：非财务指标直接衡量企业各种创造股东财富的活动，因此具有很强的绩效衡量的诊断功能；由于非财务指标是直接用以衡量企业各种生产性活动的指标，因此可以较准确地预测未来现金流量的方向；运用非财务性绩效衡量指标，可协助管理人员改进各部门的绩效成果与作业方式，从长远来看，会比短期的传统性财务绩效指标更能反映企业的价值创造能力。

3.1.3 战略性绩效评价模式

传统的财务指标绩效评价体系的不足使很多的企业经理人员开始放弃权益报酬率、每股盈余之类的利润性考核指标，偏重于非财务考核指标，然事实证明，企业绩效评价体系并不是在财务指标和非财务指标之间两者择其一，而是应该寻找一种方法，将两者结合起来，从不同的角度对公司的绩效进行综合考察。

(1) 彼得·德鲁克以改革为核心的绩效评价体系。德鲁克(Peter Drucker，1995) 把“改革”作为每一个企业都需要拥有的核心能力，改革的出发点不能只从自身绩效出发，要兼顾特定时期该行业的改革现状，清楚自身在行业改革中的地位和作用[103]。他认为企业搜集主要竞争对手的信息是非常重要的，从中可以比较发现改革的落脚点。德鲁克的“改革”观点并没有形成一个完整的理论模型，但他对竞争与改革的理解为非财务指标进入绩效评价系统提供了基础。德鲁克认为绩效评价系统必须首先明确管理部门的思想意识，然后据此提出一系列相关性质的问题，告诉雇员真正需要重视的方面，还要提供相应的组织机构，方便员工能够重视并发现这些方面可能存在的问题。

（2）霍尔的“四尺度”论绩效评价体系。霍尔（Robert Hall，1998）把质量、作业时间、资源利用和人力资源的开发作为企业绩效评价的四个尺度。质量包括外部质量、内部质量和质量改进程式，对质量的衡量又细化为若干指标。作业时间是指把原材料加工成完工产品的时间段，除了正常生产时间，还包括工具检测时间、设备维护时间、产品和工艺设计时间等。资源利用尺度衡量特定资源的耗费和与此相关的成本，如直接人工、直接材料、时间利用和机器利用情况。人力资源开发指企业需要具备一定的人力资源储备和能恰当评价和奖励职工的管理系统。霍尔将这四项非财务指标导入企业的业绩评价系统，并认为组织可以通过对上述四个尺度的改进，减少竞争风险，特别是对作业时间的重视对增强企业竞争力十分重要。霍尔同时强调任何指标的改进都不应以牺牲其他指标为代价。

（3）林奇的等级制度绩效评价体系。林奇（Lynch，1990）站在企业整体战略的角度，建立了财务和非财务指标相结合的绩效评价系统。该评价体系将总体战略与绩效评价指标相联系，按照重要程度建立一个绩效金字塔。绩效金字塔模式分为四个层次。最高层是公司战略；第二层将战略目标传递给业务单位，分解成市场目标和财务目标；第三层再把上一层的目标分解到业务经营系统，由顾客满意度、灵活性和生产效率来表达；第四层将目标分解到作业中心，它们由质量、交货、周转期和成本构成，质量和交货影响顾客满意度，交货和周转期影响灵活性，周转期和成本影响生产效率。在绩效金字塔中，战略目标的主题地位被突出，对绩效的评价和控制最终是为了实现战略目标，以金字塔的形式将战略目标逐级层层分解，使业绩目标信息渗透到各组织层面，清晰地表达出战略目标与实现目标的途径之间的关系。

（4）卡普兰和诺顿的平衡记分卡评价体系。卡普兰和诺顿（Kaplan 和 Norton，1992）对 12 家在绩效评价方面处于领先地位的公司进行了为期 1 年的调查研究，在此基础上发明了“平衡记分卡”（BSC），平衡记分卡克服了单纯利用财务手段进行绩效管理的局限。它用对顾客、内部经营以及创新和学习活动的绩效测评指标补充传统的财务评价指标，具体指标如图 3－1 所示[104]。

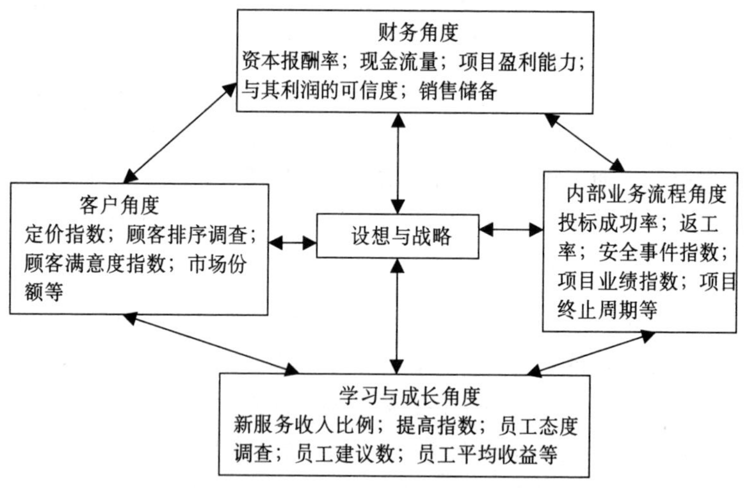

图 3－1　平衡记分卡量度体系结构图

平衡记分卡的设计思想是为了协调不同的战略指标之间的平

衡，努力实现组织目标的一致，鼓励员工按照企业的最大利益努力工作，凝聚组织，增加沟通，企业在设计自身的平衡记分卡时必须选择一系列指标来对组织绩效进行衡量，这包括成果指标和驱动指标、财务指标和非财务指标、内部指标和外部指标。平衡记分卡通过回答以下问题建立一种平衡，在财务维度：要想在财务方面取得怎样的成功，应向股东们展示什么？财务指标通常包括主营业务收入增长率、净资产报酬率、现金流量和经济增加值等。在客户维度：主要是回答“顾客如何看待我们”的问题。主要指标有：客户满意程度、客户保持程度、新客户的获得、客户获利能力、市场份额等。在内部运营维度：回答“我们的优势是什么”的问题。主要指标包括：产品出厂合格率、技术服务一次性合格率、质量完成率、安全等。在创新和学习维度：回答“我们能否能持续地为客户提高并创造价值”这一类问题。具体指标有：员工培训支出、员工满意度、开发新产品所需时间、新产品上市时间等。

平衡记分卡是国内外应用比较广泛的绩效评价模式，它不但为企业提供了有效运作所必须的各种信息，更重要的是测评指标具有可量化、可测度、可考核性，有利于对企业的战略执行进行全面系统的监控，促进企业战略与愿景目标的达成。平衡记分卡是企业各级管理者进行有效沟通的一个重要方式，使各个部门和各个岗位的目标同企业的战略目标达成一致，共同为企业战略目标的实现而努力。

（5）中国国家标准化委员会2004年8月发布的《卓越绩效评价标准》（criteria of performance excellence）。该标准从多方面评价企业的绩效：顾客与市场绩效、财务绩效、人力资源绩效、运行绩效（过程有效性）、组织的治理和社会责任绩效等，并指出在评价企业的绩效水平时应与其竞争对手的水平或标杆相比较然后进行评价[105]。各绩效的评价标准如下：

第一，顾客与市场绩效。从顾客满意程度和顾客忠诚度、企业产品和服务的绩效结果以及产品和劳务的市场占有率方面评价。

第二，财务绩效。组织对财务绩效的测量要兼顾指标的当前水平和未来发展趋势，主要包括：主营业务收入、投资收益、营业外收入、利润总额、总资产贡献率、资本保值增值率，资产负债率、流动资金周转率等综合指标。

第三，资源绩效。资源绩效包括人力资源绩效和其他资源绩效。人力资源绩效主要包括工作系统、员工学习及发展、员工权益和员工满意度的绩效：其他资源绩效从基础设施、信息、技术、相关方关系等资源方面来评价。

第四，运行绩效。运行绩效分为两类指标：主要价值创造过程有效性和关键支持过程有效性。主要价值创造过程有效性的指标包括当前水平有效性和发展趋势，包括（但不限于）全员劳动生产率，周期，供方和合作伙伴绩效以及其他有效性的测量结果；关键支持过程有效性的主要测量指标包括战略和战略规划完成情况的主要测量结果。

第五，组织的治理和社会责任绩效。组织对公司治理与社会责任绩效的评价主要包括组织治理、社会责任、道德行为和履行组织的公民义务等方面。

（6）近年来其他学者的评价体系。Holloway（1999）认为，绩效评价理论研究为实务中绩效评价模式和企业绩效评价系统的演变奠定了基础，但是许多绩效评价方法的理论基础不明确，绩效评价指标体系所选取的变量如何影响企业的绩效缺乏有效的实证检验[106]。Bourne（2000）指出，绩效评价方法和评价体系随时间发生变化，同时，绩效评价指标也会因现存的预算程序、机会、研究、方案设计的差异而改变[107]。Bourne（2003）首先对平衡计分卡进行分析，在此基础上，提出了业绩多棱镜（Perform ancePrism）评价模式，业绩多棱镜较平衡计分卡改进的地方在于考虑了利益相关者的满意度和贡献度，考虑了企业目标和战略以及业务流程的内在要求。但是该模式并没有建立起经营者的利益与企业机制和企业经营目标及经营战略之间的联系，因此综合利益相关者角度的业绩多棱镜模型对绩效评价并未真正发挥有效作用[108]。Kennerley 和 Neely（2003）研究环境的变化对企业绩效评价体系的影响，使用案例分析方法探讨影响企业绩效评价的相关要素，然后将这些相关要素体现在企业绩效评价的设计、实施、反馈环节。接着又从流程、组织制度、人员、文化等角度研究企业绩效指标体系侧重点，并在此基础上提出了企业绩效的评价体系并不是一成不变的，他们设计了评价企业动态管理水平的绩效评价模式[109]。Christopher 和 David（2003）通过实证研究，将采用单一财务指标评价模式的企业和综合运用财务绩效和非财务绩效评价的企业进行比较，发现在类似条件下，后者比同类企业具有较高的绩效评价满意度和股票市场表现[110]。

我国学者也在管理的实践中不断更新理念，积极探讨有效的企业绩效考核体系，国内企业与国外企业所处的环境不同，因此不能照搬国外的绩效评价模式。国内学者结合实际探讨了企业绩效评价模式。施家芳，张媛（2004）建立了新的供应链绩效评价方法——平衡供应链记分法（BSC－SC），从六个角度进行绩效评价，包括客户导向角度、供应链内部运作角度、信息技术角度、供应商关系角度、未来发展角度及财务价值角度。强调供应链运作跨功能、跨企业的特性，反映了供应链运作的集成和协调性，为供应链伙伴在平衡的机制上进行实际的操作提供依据，实现伙伴间近期和远期利益的统一[111]。王光映（2005）在平衡计分卡的基础上建立了模糊综合绩效评价模型，他在平衡记分卡的财务、顾客、内部经营和成长与学习四个方面之外，增加了其他利益相关者方面。模糊综合绩效评价模型的应用吸收了平衡记分卡绩效评价的优点，剔除了平衡记分卡的许多缺点，评价结果兼顾了长期和未来的业绩，也兼顾了顾客、员工等其他相关者的利益，它是对平衡记分卡绩效评价法的改进，更是对我国国有资本金绩效评价体系的改进[112]。王汝芳，杜勇宏（2005）认为经济增加值的概念比利润在反映资本效益时具有更大的优势，经济增加值是目前英美企业普遍采用的反映企业资本经营绩效的衡量标准，但也有固有的缺陷，因此提出了优化经济增加值这一新概念，运用优化经济增加值对资产评估法进行了改进，揭示了资本运营创造价值的本质，从而为企业的资本经营绩效的评价以及资本资产价值的评估提供了一个崭新的视角[113]。张晓燕，胡玉明（2005）将生命周期引入绩效评价制度，认为企业生命周期不同，所面临的经营风险、市场策略、现金流量不同，因此企业成长期、成熟期、衰退期所建立的绩效评价体系应有差异[114]。陈共荣，曾峻（2005）将企业绩效评价主体的历史演进过程分为一元评价主体、二元评价主体和多元评价主体三个阶段，并从评价范围、评价目标、评价指标和典型方法等四个方面分析了评价主体演进对绩效评价的影响。在此基础上，提出评价主体将进一步多元化和社会化，知识资本所有者将成为最重要的评价主体，评价方法将更加人性化和科学化；评价指标将更具综合性[115]。刘丁己，褚荣伟，陈柏彰（2007）以平衡记分卡作为研究的起点和重心，并通过对中国超过百家中小型企业进行实证研究分析，了解该框架在学术研究和实际操作中的适应性。通过因子分析，结果发现该框架对于中国企业来说有一定的参考价值，同时制造性企业与服务性企业绩效评价之间也存在比较显著的差异[116]。

3.2 绩效评价方法的研究结论

当一个企业决定主动把握自己的命运，而不是让企业的发展放任自流时，它就需要进行科学的、系统的、完善的绩效考评体系，近年来许多知名企业纷纷投入资金进行绩效的考评指标设计，因为绩效评价与企业的激励机制紧密相连。综合国内外学者的有关绩效评价，可以发现有如下特点：

（1）绩效评价指标的选取大多是财务指标与非财务指标的结合。财务指标可以反映公司在过去取得的成就，是滞后指标（Lagging Indicator），非财务指标是反映被评价企业战略动因的指标，可以反映公司未来的发展，是领先指标（Leading Indicator）。一个优良的业绩评价体系应当综合结果指标和动因指标。只有结果指标而没有动因指标，则无法说明怎样才能达到这些结果，而这些结果不能显示战略是否正在成功地实施。反之，只有动因指标，而没有结果指标，被评价单位或许可以获得短期的改进，但却无法显示这些改进是否已被转化为对现有的和新客户业务的扩大，并最终转化为财务业绩的提高。一个优良的绩效评价体系应当把结果指标和动因指标适当地结合起来，即把财务指标和非财务指标适当地结合起来。

（2）绩效考评一般结合企业的行业特征、发展目标、发展阶段设计企业绩效的考核侧重点。企业绩效评价制度的设计应该具有个性化，因为不同行业的企业面临的风险大小不同，各生产要素的投入比重不一，企业控制的侧重点不一样，不同行业的绩效评价体系应该有差异，即使同一个企业，因其所处的生命周期不同而采取的经营战略也不一样，企业在初创期、成长期、成熟期、衰退期面临的经营环境、经营风险、财务风险不同，也应采用不同侧重点的绩效评价模式。

（3）外部环境和内部条件共同作用企业绩效的考核体系。当今时代为信息技术时代，企业面临更多的变革、竞争，产品日益复杂，商业环境频繁的发生变化，企业绩效管理作为企业管理的重要方面也必须适应环境的变化，企业只有不断地修正和评估目前的绩效考评体系，反馈实施的结果，才能确保企业的绩效评价发挥作用。然而，如何才能保持绩效评价在企业管理中的重要地位，如何对企业外部环境与内部环境的变化做出反应将是研究绩效评价问题的难点之一。

（4）绩效考核体系应有一定的理论作为支持。由于所有权和经营权的分离，使得现代组织中存在委托——代理关系。在存在代理关系的组织中，企业效率的高低在于代理人努力程度的不可观察性与不可证实性而引发的代理成本，因此，要提高组织效率，必须设计有效的产权结构和激励报酬机制，降低代理成本。科学严密的绩效评价系统可以及时反馈代理人的工作状况，降低信息不对称程度，从而降低代理人的道德危机和逆行选择风险；而且在此基础上可以建立激励机制，按照利益共享、风险共担的原则鼓励管理者既为自己也为组织谋取最大利益。劳动分工与交易产生了激励问题，激励理论中对需要、目标、行为的研究，为企业绩效评价体系的设立打开了思路，激励过程中为实现目标对职工所提的要求，成为考核职工的目标，该指标的设计对建立有效的企业绩效评价体系具有指导意义。权变理论是 20 世纪 70 年代在美国形成的一种管理理论，他考虑到有关环境的变数同相应的管理观念和技术之间的关系，使管理者采用的管理观念和技术能有效地达到企业目标。环境变量和管理变量之间的关系是权变关系，这是权变理论的核心内容。权变理论对企业绩效评价的作用在于：对所有企业而言，没有一个统一的、标准的、适用于任何企业的最优绩效评价指标体系。绩效评价指标体系的设计必须建立在对企业内外环境进行分析的基础上，并随着环境变化进行调整。利益相关者理论认为企业应是利益相关者的企业，包括股东在内的所有利益相关者都对企业的生存和发展注入一定的专有性投资，同时分担了企业的一定经营风险，或是为企业的经营活动付出了代价，因而都应该拥有企业的所有权。企业绩效的评价应该站在所有利益相关者的角度。

（5）目前绩效考核应用较多的方法是平衡计分卡，各学者在此基础上结合当前经济环境背景进行补充和延伸。平衡记分卡的设计，将公司为增强竞争力应办的事项中看似迥异的部分反映在一份管理报告中，迫使高级管理者把所有重要绩效指标放在一起考虑，从而减少了次优决策。平衡记分卡使目标和战略具体化；促进组织内部的上下沟通，并把各部门的目标联系起来；使公司能够实现业务规划与财务规划的一体化，并加以协调；平衡记分卡使公司能够修正战略，以随时反映学习所得。

（6）从总体看目前企业绩效评价和管理方法仍然存在诸多问题。总体来看，指标设计过于繁杂、庞大，有些指标难以从企业中获取。在实际运用时，过分依赖和重视财务量化指标，企业绩效评价偏重于财务指标，忽视非财务指标。重视单一的终极的绩效评价，忽视企业经营过程的结构性因素的影响，忽视财务和非财务、财务内部及非财务内部之间指标的关联性和逻辑性，评价体系较为单一。从理论上看，偏重于绩效事后评价和静态评价，虽然指标设计全面，显得完备严密，但设计成本过高，非财务指标的量化设计与企业实际运行绩效相比存在较大偏差，非财务指标选择也没有重点。另外，非财务指标的设计与知识资本的评价指标界定模糊，忽视了指标之间的因果关系，如在一些学者的研究中，将客户满意度作为知识资本评价的重要题项，而有些学者把客户满意度作为绩效评价的非财务指标，因此，在研究知识资本与绩效的关系时，必须将非财务指标间的因果关系界定清楚。实践中绩效评价方法的弊端，无疑会对企业持续发展起至关重要作用的绩效和效率产生根本性的影响，绩效评价若仅依赖于财务指标，以此作为所有者努力程度的衡量标准，会由于各种主客观因素而出现评价单一、易于操纵和计量不准确的结果，无论哪种情况都会出现不公正评价而使激励制度失效。在需要进行绩效评价时，应同时利用一些经营和过程指标，如产品和服务的质量、客户满意度、新产品开发的效果、市场地位等。

因此，从整个企业的经营角度看，需要建立一种新的绩效评价标准体系，在进行绩效评价时，应当平衡使用财务指标和非财务指标。非财务指标与财务指标间存在关联逻辑关系，非财务指标的考核绩效评价必须为企业价值提升服务，不能单纯追求近期、眼前利益，否则，绩效评价就失去意义。通过绩效评价，不仅能够揭示企业内部经营管理水平，而且要能发现企业外部经营市场的潜在危机和机遇。

3.3 高技术企业绩效评价体系的建立

企业绩效评价是关系到企业生存和发展的战略基础，也是本研究的基础。绩效评价指标体系林林总总，无论这些方法和架构的支持者声称的有多好，在评估绩效时，绝对没有哪一种方式是所谓“最好”的，因为绩效这个概念是由许多不同的面拼凑而成的，每个企业在不同的社会及经济背景下，在不同的发展阶段侧重于不同的方面，如果不能在适当的时期选择适当的指标评价体系，那么绩效评价难以起到积极作用。因此绩效评价在实践中不能盲目照搬，而是依据权变理论，结合高技术企业的特点，灵活地使用之。高技术企业的绩效评价应站在所有利益相关者的角度，沿用平衡记分卡的模式建立高技术企业的绩效评价体系。

3.3.1 高技术企业的特点

高技术企业是以高新技术研发、生产及推广应用为主要活动的企业，高技术企业的界定各国尚无一个统一而完整的标准，一般将计算机硬件、计算机软件、生物制药、医疗器械、微电子与电子信息技术、空间科学与航空航天、能源科学与新能源、现代农业、环保、通信十个行业中的企业作为高技术企业。本书所指的高技术产业是根据《中国高技术产业统计年鉴2015》的划分，包括医药制造业、航天航空器制造业、电子及通信设备制造业、电子计算机及办公设备制造业和医疗设备及仪器仪表制造业五个行业。高技术行业的特点可以综合如下：

（1）高技术企业的组织设计正朝着学习型组织发展。经济发展日益全球化，信息大爆炸以及通讯技术的飞速发展，使得传统的组织设计越来越不适应瞬息万变的环境，而这种变化要求高科技企业以虚拟团队来完成项目，这种趋势在网络技术发达的国外企业尤为明显。团队成为学习型组织设计上的一个重要特征；同时开放、及时、精确的信息需要在成员之间共享；组织纵向、横向和外部的边界会越来越模糊。

（2）高技术企业面临的风险较大。高技术企业具有高风险、高投入、高成长、高回报等特点，高风险性是高科技企业最显著的特征之一。这种高风险性包括：一是技术风险，即将高科技试验产品转化为现实的产品或劳务具有明显的不确定性，存在着因技术失败而造成损失的风险。二是市场风险，即产品能否被市场所接受，什么时候接受，竞争能力都存在着不确定性。三是财务风险，高科技企业要求大量的资本与人力投入于研发中，且资金需求在其生命周期的不同时期是不同的，融资渠道、资金回收、资金分配都面临不确定性风险。

（3）高技术企业的产品具有知识和技术含量高、研发费用高、生命周期短等特点。高新技术发展的速度之快，已逐渐超过成本和质量，成为企业发展的首要经济目标。产品的生命周期逐渐缩短，新产品可能在几个月内就会被淘汰，因此长期的成功取决于开发新产品的持续能力。交易速度、对顾客生活形态改变的反应速度或迎合新需求的速度成为顾客决定是否光顾的主要因素，高科技企业的产品创新应以顾客的需求和期望为驱动。高科技企业在竞争的过程中需要以最快的速度增长。

（4）人力资源成为其发展的核心力量。过去传统企业注重开发特色产品和重视已获得的市场份额，以增强竞争优势，但在高技术产业中，技术和人才是企业获得长期成功的关键。人才是高技术企业持续发展的重要因素之一，高技术企业的生命力是由其产品的技术含量决定的，而技术含量的高低取决于企业人才的创新。对创新人才的培养、开发和引进是高技术企业成长的命脉所在。因此，高技术企业的目标首先定位于优化智力结构，为了获得成功，他们需要摆脱传统的实物资产、品牌或成本优于他人的陈旧管理模式，人力资源成为企业关注的焦点。

（5）高技术企业具有高成长性。由于高技术企业与传统企业相比，更具备高成长性，所以创业投资往往把高技术企业作为主要投资对象。在美国，70%以上的创业资本投资于高新技术领域，从而对高新技术产业化起到了极大的推动作用。国际上对于高成长性的高技术企业有一个特殊的称呼——“瞪羚”企业，因为他们具有和瞪羚相似的特征——规模不大，但却跑得快、跳得高、集群行动。

(6) 高技术企业对知识资产的体现不足。高技术企业与传统行业的企业在人力、物力、财力、技术方面的投入不同，产品的技术含量不同，因此对技术的要求不同，高技术企业间产品的市场竞争主要依靠产品的技术性能，因此专有技术等知识资产是主要获利的来源，然而我国《企业会计准则2007》规定，本公司内部研究开发项目支出根据其性质以及研发活动最终形成无形资产是否具有较大不确定性，分为研究阶段支出和开发阶段支出。自行研究开发的无形资产，其研究阶段的支出，于发生时计入当期损益；其开发阶段的支出，同时满足一定条件的，确认为无形资产，已资本化的开发阶段的支出在资产负债表上列示为开发支出，自该项目达到预定可使用状态之日起转为无形资产。这样高技术企业的资产负债表中只列示了很少一部分知识资产，而研究支出、人力资本的价值都没能得以反应，因此对高技术企业来讲报表遗漏了重要的资产和资本。

3.3.2 高技术企业的利益相关者

利益相关者这一概念最早由伊戈尔·安索夫20世纪60年代在其《公司战略》一书中提出。利益相关者理论是指企业的经营管理者为综合平衡各个利益相关者的利益要求而进行的管理活动。与传统的股东至上主义相比较，该理论认为任何一个公司的发展都离不开各利益相关者的投入或参与，企业追求的是利益相关者的整体利益，而不仅仅是某些主体的利益。企业实质上是其与各种利益相关者结成的一系列契约，是各种利益相关者协商、交易的结果，承载着利益相关者的期望和要求，无论是投资者、债权人、员工、顾客、供应商，还是政府部门、社区等，他们与企业利益休戚相关。他们影响组织目标的实现，在帮助组织实现目标的同时他们也要求得到相应的回报。因此，为了保证企业的可持续发展，除了股东，企业也应当向其他利益相关者负责。企业的生存与发展离不开利益相关者的支持，尽管各利益相关者在提高企业价值方面有共同的利益，但由于他们处于价值链的不同环节。因此，各自之间是存在利益差别的。

利益相关者理论对企业绩效评价的影响在于：首先，在绩效评价指标中，财务指标一般代表投资者利益，没有很好地体现对其他利益相关者的关注，因此，在设计企业绩效评价指标时，要把其他利益相关者的利益考虑进去，适当增加一些非财务指标。其次，可以根据不同的利益相关者来确定企业绩效评价的侧重点，针对不同的评价主体设置不同的绩效评价指标。最后，企业绩效评价要综合考虑各利益相关者的要求，将多角度评价与综合评价相结合。

（1）股东及潜在的投资者。随着企业规模的扩大和资本市场的发展，投资者对于企业投资回报能力的要求得到了越来越多的重视，股东主要关心投资的报酬和风险。股东作为企业的所有者，对企业经营收益享有剩余索取权，从股东的角度评价企业的绩效应注重企业的盈利能力和股本的扩张能力，追求长期利益的持续、稳定增长，具体包括净资产收益率、销售毛利率、总资产收益率、每股收益和每股净资产。见表 3－1。

表 3－1　　　　股东角度的绩效评价

净资产收益率	评价企业自有资本及其积累获取的报酬水平
销售毛利率	表示每一元销售收入扣除销售成本后，有多少钱可以用于各项期间费用和形成盈利。可以评价企业存货价值水平。
总资产收益率	衡量企业整体资产的利用效益。

续表

每股收益	反映普通股票投资者可获得投资报酬的程度，值越大，风险越小。
每股净资产	反映了每股股票代表的公司净资产价值，是支撑股票市场价格的重要基础。

（2）债权人。债权人主要有贷款人和供应商。因为债权人不能参与企业剩余收益分享，这就决定了其必然最为关心债权的安全性，贷款人主要关心贷款及其利息能否按期收回，供应商主要关心货款能否如期收回。因此，债权人要求企业提供反映是否有足够的支付能力的信息，以便为贷款人的贷款决策和供应商的销售决策提供依据。债权人所关心的指标有资产负债率、流动比率、利息保障倍数。见表3－2。

表3－2　　债权人角度的绩效评价

资产负债率	表明企业资产总额中债权人提供资金所占的比重，以及企业资产对债权人权益的保障程度。
流动比率	反映企业用可在短期内转变为现金的流动资产偿还到期流动负债的能力。
利息保障倍数	反映获利能力对债务偿付的保证程度。

（3）经营者。经营者应满足不同利益主体的需要，协调各方面的利益关系，为经济效益的持续稳定增长奠定基础。经营者主要关心企业自身的生存、发展和获利情况，对经营者绩效的衡量应从营运能力、发展能力、获利能力、现金能力方面出发。因为获利能力在股东角度的绩效评价中所涉及，在此为避免重复略过。经营者所关心的指标主要有总资产周转率、存货周转率、应收账款周转率、主营业务收入增长率、净利润增长率、净资产增长率、总资产增长率和每股现金净流量。见表3－3。

表 3－3　经营者角度的绩效评价

总资产周转率	反应企业全部资产的使用效率。
存货周转率	衡量企业生产经营各环节中存货的运营效率。
应收账款周转率	反映应收账款的变现速度和收账效率。
主营业务收入增长率	衡量公司的产品生命周期，判断公司发展所处的阶段。
净利润增长率	反映公司成长性的基本特征，净利润增幅较大，表明公司经营业绩突出，市场竞争能力强。
净资产增长率	反映企业资产保值增值的情况，在较高净资产收益率的情况下表示企业未来发展更加强劲。
总资产增长率	表明企业一定时期内资产经营规模扩张的速度。
每股现金净流量	公司获利能力的质量指标。该比值为正数且较大时，派发现金红利的期望值就越大。

（4）员工。员工是企业的生产主体，是企业赖以生存和发展的基础，企业的每一个发展目标都要通过员工的身体力行去实现。员工关心的是安全、尊重、自我实现。其相关指标是劳动生产率、员工稳定性、无事故作业时间等。见表 3－4。

表 3－4　员工角度的绩效评价

劳动生产率	反映员工的生产效率。
员工稳定性	评价企业环境、内部人际关系、价值实现等。
无事故作业时间	经常对员工进行健康和安全培训和检查，强化安全作业。
激励制度	可以调动员工的积极性，如合理的薪酬制度、享受福利待遇、精神激励。
人权保障	遵守法律及行业标准中有关劳动时间的规定，所有超时工作都应有额外报酬，对员工身心健康有伤害的作业，企业必须提供相应的劳动保护。

（5）客户。客户是企业产品和服务的购买者、消费者。企业的生存和发展离不开客户的信赖和支持。因此，通过客户感知公司提供的价值来评价绩效。顾客更加关心产品质量、数量、价格、服务等。具体反映这些的指标有客户对品牌的认同度、客户满意度、客户维权的效率和效果等。见表3-5。

表3-5 客户角度的绩效评价

客户对品牌的认同度	反映了业务部门在销售市场上的业务比例（以客户数量或售出数量来计算）。
客户忠诚度	反映顾客对产品的稳定态度。
客户满意度	企业要向顾客提供优质的产品和满意的服务，开展好售前服务、售中服务和售后服务。
客户维权的效率和效果	企业要尊重和维护顾客的权利，包括自由选择权、知情权、索赔权等，不能以假乱真、以次充好、坑蒙拐骗、敷衍搪塞、推卸责任，要保证顾客的权益不受侵犯。

（6）供应商。供应商是企业重要的利害关系人，随着公司把愈来愈多的非核心业务外包出去，他们对供应商的依赖也愈来愈深。最显著的互赖关系出现在电子商务及高技术领域，在这个领域中，交付售出产品或服务所需要的销售和物流工作往往与中间人有密切的关系，甚至创造了一种新的利益关系人，即所谓的“互补业者”（complimentor），即联盟伙伴，专门为企业提供产品或服务，以扩展企业本身的产品价值。因此，在高技术领域有没有重要的战略伙伴很关键。见表3-6。

表3-6 供应商角度的绩效评价

稳定的供应商	反映能保证长期而稳定的供应，且产品符合公司未来的发展方向。
供应商的声誉	供应商内部组织是否完善、供货效率和服务质量、供应商质量管理体系是否健全。

（7）社会、政府。现代企业还要考虑其作为社会组成部分应该承担的社会责任，应该将企业及社会价值最大化作为其目标，实现企业价值最大化和社会价值最大化的统一。随着SA8000（企业社会责任标准）在全球范围的逐步推广，要求企业在追求盈利的同时，必须考虑社会的整体利益和长远发展，并自觉承担相应的社会责任。除了关心企业经营活动的效益外还要关心现有资源的配置和对社会的贡献程度。主要指标有社会贡献率和社会积累率。社会贡献率是企业社会贡献总额与平均资产总额的比率，它反映企业运用全部资产为国家或社会创造或支付价值的能力。企业社会贡献总额是指企业为国家或社会创造或支付的价值总额，包括工资、劳保退休统筹及其他社会福利支出，利息支出净额，增值税、消费税、营业税、有关销售税金及附加，所得税及有关费用和净利润等。社会积累率是企业上交的各项财政收入与企业社会贡献总额的比值。企业作为社会经济的基本组成单元必须在寻求自身可持续成长与经济、环境和社会的可持续发展联系起来，充分合理利用资源，保护好环境，促进经济与自然、经济与社会的持续、健康、协调发展。企业要降低能源与资源的消耗使用，减少以至消除污染物的排放，建立有效的废弃物处理设施，污染物质的排放达标。见表3－7。

表3－7　社会政府角度的绩效评价

社会贡献率	表示企业每一单位资产对国家和社会所做的贡献。社会贡献率高说明企业对国家的贡献大。
社会积累率	用于衡量企业社会贡献总额中多少用于上交国家财政和支持社会公益事业，从而直接或间接反映企业的社会责任。
环境保护贡献	工业垃圾的处理，环保支出。

3.3.3 高技术企业绩效指标体系的综合评价

综合上述利益相关者角度的绩效评价，绩效评价可以分成两部分，一是与企业生存、发展和获利相关的财务绩效，二是企业的非财务绩效。财务指标是企业内部和外部最经常使用的衡量标准，尽管对财务指标的批评很多，但瑕不掩瑜，财务指标仍然是企业绩效评价的重要指标，而非财务绩效评价指标虽然也是一种不错的绩效评价方式，但是，它并不能独立地产生作用，更多地是对财务报告的一种补充。非财务指标有基于企业内部的，如员工角度的评价，也有基于企业外部的，如顾客、供应商、政府与社会角度的评价，这些非财务指标大多是基于问卷调查的形式得来，研究最多的是客户角度的非财务绩效。

那么财务绩效与非财务绩效是否存在关系呢？从国内外学者的研究中可以看到，非财务绩效对本期和以后期间财务绩效有促进作用。对上市公司来讲，反映非财务指标的重要信息是股价，股价虽然是由企业的内在价值来决定的，但是，还形成于投资者的心理预期，受到了很多企业经营者不可控因素的影响，如政府的宏观政策，经济环境的变化、外界对企业社会责任的关注等等。因而，股价对企业非财务绩效的反映是间接的。股价代表了来自各方面利益相关者对企业的预期。美国波士顿安永商业创新中心的研究人员展开一项研究，调查投资者和分析家对各种非财务指标的应用以及衡量它们对于股票价值的影响。调查结论有力证明了关于企业长期战略的非财务绩效因素与股东评价有关。股东对于管理质量的评价每提高10%，就会导致企业的股票价值增长13亿美元；几乎35%的投资决策根据投资者对于非财务数据的分析。因此，非财务绩效是企业绩效评价非常重要的一部分。公司内部那些影响战略实现的非财务指标在很大程度上影响股东的购买决策或者评价，进而影响股票的价值。然而在我国股票市场上，我国的股票市场的有效性不强，股价除了受到上市公司自身影响外，更取决于很多外界因素，上市公司的股价与财务绩效之间并没有较显著的相关关系，因此，不能以股价来综合非财务信息，而问卷调查的结果可信度和可行性在实证样本中受到限制。本书的研究主体是高技术企业，企业要生存和发展，就必须具有获利能力，企业在长期发展战略基础上获取足够的利润才是它的最终目的，如何保持长期利润优势，那么非财务指标就成为一个必备的基础，可以说企业内部非财务指标与财务指标之间存在因果关系。因此在后面的实证分析中本书以财务绩效作为主要的研究对象。

将不同利益相关者角度的绩效指标，即表 3 - 1—表 3 - 7 进行综合汇总，对高技术上市公司财务绩效可以综合成几个不同的角度来评价，包括企业的盈利能力、偿债能力、营运能力、发展能力、现金能力及股本扩张能力，因此，对高技术上市公司财务绩效的评价体系可以综合成表 3 - 8。

表 3 - 8　　高技术上市公司财务绩效评价指标体系

指标类型	指标名称	指标计算公式	指标性质
盈利能力	销售毛利率 p1	主营业务利润/主营业务收入 ×100%	正指标
	净资产收益率 p2	净利润/平均净资产 ×100%	正指标
	总资产收益率（%）p3	（净利润 + 利息支出）/ 平均总资产 ×100%	正指标
	每股收益 p4	净利润/期末总股本	正指标
偿债能力	资产负债率 p5	期末负债总额/ 期末总资产 ×100%	适度指标
	流动比率 p6	期末流动资产/期末流动负债	适度指标
	利息保障倍数（倍）p7	（税前利润 + 利息费用）/利息费用	正指标

续表

指标类型	指标名称	指标计算公式	指标性质
营运能力	总资产周转率 p8	主营业务收入/平均总资产	正指标
	存货周转率 p9	主营业务成本/期末存货总额	正指标
	应收账款周转率 p10	主营业务收入/期末应收账款净额	正指标
发展能力	主营业务收入增长率 p11	（报告期主营业务收入/基期主营业务收入 -1） ×100%	正指标
	净利润增长率 p12	（期末净利润/期初净利润 -1）×100%	正指标
	净资产增长率 p13	（期末净资产/期初净资产 -1）×100%	正指标
	总资产增长率 p14	（期末总资产/期初总资产 -1）×100%	正指标
现金能力	每股现金净流量 p15	经营活动产生的现金流量净额/期末总股本	正指标
股本扩张能力	每股净资产 p16	期末净资产/期末总股本	正指标

3.4　高技术企业绩效的计算

3.4.1　样本的选取

实证研究高技术企业绩效，首先要选取具有代表性的行业，因为电子及通讯设备制造业是竞争性行业，行业发展前景好，而且具备高成长性的特征，一直是基金投资最多的行业，由于相对其他行业，电子通讯业的技术生命周期相对较短，因而其技术创新速度较快。2014 年我国五类高技术产业在 R&D 经费总支出中，电子及通信设备制造业所占的比重最大，占 59.51%（324.5/545.3 = 59.51%）。2014 年高技术产业专利申请总量 34446 项，其中电子及通信设备制造业专利申请 24680 项，专利申请总量占到全部高技术产业的 71.65%。从图 3－2 和图 3－3 看出，不论科研投入还是产出，电子及通信设备制造业在整个高技术产业中都起到了支撑作用，因此，选择电子及通信设备制造业作为高技术行业实证的代表是由科学依据的。

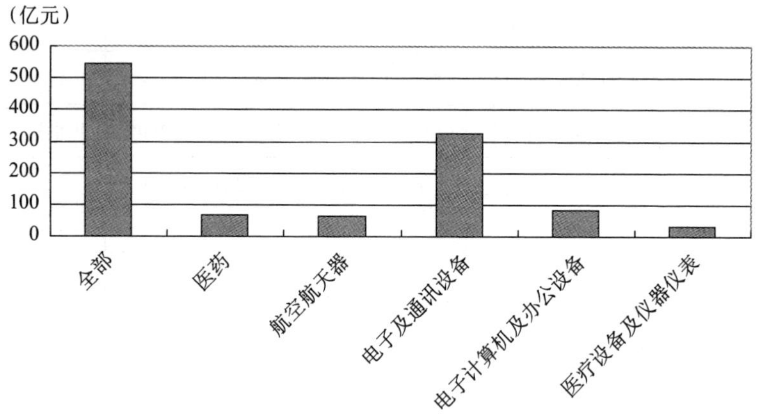

图 3－2　2014 年高技术产业 R&D 经费支出

数据来源：中国高技术产业统计数据。

本书实证样本采用的是按照中国证监会的行业分类，选取高技术行业中具有代表性的通讯及相关设备制造业上市公司进行实证，通讯及相关设备制造业上市公司在全部高新技术上市公司中运作良好，具有稳定的经营绩效，且企业的样本数可以满足统计的需要，具有一定的代表性，同时选取同一行业样本进行实证也可以消除行业差异因素对分析结果的影响。实证中选取 2010～2014 年在沪、深两市证券交易所上市的通讯及相关设备制造业上市公司的有关数据，在样本选取中剔除 ST、＊ST 的上市公

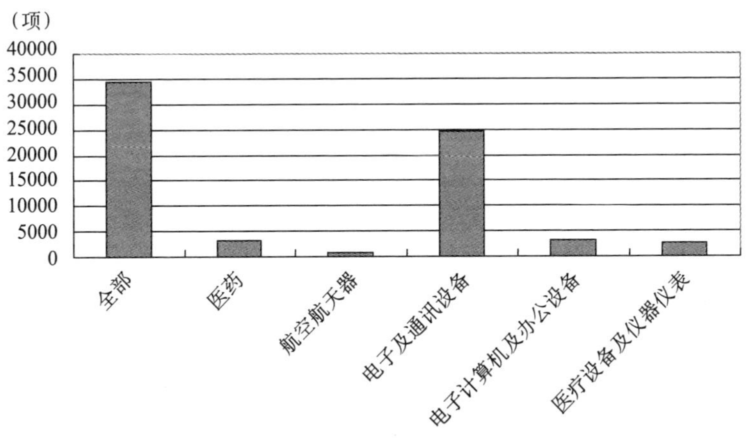

图 3-3　2014 年高技术产业专利申请数

司，且要满足 2010 年以前就已经上市，本书的实证是研究高技术企业，因此选取通讯及相关设备制造业上市公司中主营业务为通讯技术、网络及数据技术服务为主的高技术上市公司，这样共选取样本 17 家。之所以要剔除 ST、*ST 的上市公司，是因为 ST（Special Treatment）意即“特别处理”，该政策针对的对象是出现财务状况或其他状况异常的上市公司；*ST 表示以充分揭示其股票可能被终止上市的风险并区别于其他公司股票。在我国资本市场上股票融资是最基本的融资方式，所以为了继续上市，这些公司会出现一些短期行为，如更改会计政策、虚报利润、降低摊销成本、呆账不销问题，为了实证结果的意义，剔除这些公司。2010~2014 年通讯及相关设备制造业上市公司所有有关数据来源于中国上市公司资讯网（http：//www. cnlist. com/）和金融界（http：//www. jrj. com. cn/），且全部为手工摘抄。

3.4.2 实证方法

在财务绩效的衡量中采用16个指标变量，从表3-9可以看出有些指标之间具有很强的相关性，如果利用所有的16个财务指标对17家公司进行财务分析，难免出现信息的重叠，因此本书采用因子分析法，用较少的变量来代替原来较多的变量，而这种代替可以反映原来多个变量的大部分信息，实际上就是一种降维、简化数据的技术。它通过研究16个变量之间的内部依存关系，探求观测数据中的基本结构，并用少数几个“抽象”的变量，也就是“因子”来反映原来众多变量的主要信息，每一个主要因子都能反映相互依赖的绩效指标间的共同作用，抓住这些主要因素就可以帮助我们对复杂的指标体系进行深入分析、合理解释和正确评价。本书利用SPSS14.0软件，计算通讯及相关设备制造业2010~2014年各样本财务绩效的综合得分。

3.4.3 实证结果

在进行因子计算之前，要对适度指标资产负债率和流动比率进行正向化处理，考虑到通讯及相关设备制造业的特点，本书选取资产负债率和流动比率的适度值分别是40%（高技术企业财务风险偏大）和2。正向化处理公式为：

$X_i' = \dfrac{1}{|X_i - A|}$（其中A是该适度指标的适度值）。

由于本书分析的数据非常多，在此只列出2014年绩效的计算过程，其他年度结果直接列示。

（1）原始变量之间的相关性检验

因子分析法的应用条件是众多变量之间有较强的相关性，因此对原始变量之间的相关性进行检验，说明进行因子分析的必要性。检验结果见表3－9和表3－10。表3－10的上半部分是原始变量的相关系数矩阵。可以看出，矩阵中存在许多比较高的相关系数。表3－10下半部分是相关系数显著性检验的P值，其中存在大量的小于0.05的P值，这些多说明原始变量之间存在着较强的相关性，具有因子分析的必要。表3－9 KMO统计量等于0.762。Bartlett球形检验的P值为0.000，这些都说明本实证数据比较适合进行因子分析。

表3－9　KMO检验和Bartlett球形检验

Kaiser－Meyer－Olkin 样本检测系统		0.762
Bartlett's 球形检验	近似卡方	260.456
	df 自由度	120
	Sig. P 值	0

（2）变量共同度和方差贡献率

表3－11给出了16个原始变量的共同度。变量共同度反映每个变量对提取的所有公共因子的依赖程度，几乎所有变量共同度都在80%甚至90%以上，说明提取的因子已经包含了原始变量的大部分信息，因子提取的效果比较理想。表3－12为利用主成分分析法提取的公因子，选取对应的特征根大于1的公因子，因此应提取相应的5个公因子，这5个因子可以解释原始变量77.645%的方差，已经包含了大部分信息，为了突出公因子的含义，对公共因子作正交化旋转，旋转后的公因子的方差贡献率发生变化，但并不改变5个公因子的总体方差贡献率。

表 3－10　　2014 年财务指标相关系数矩阵及相关显著性检验

		p1	p2	p3	p4	p5	p6	p7	p8	p9	p10	p11	p12	p13	p14	p15	p16
Cor	p1	1.000	-.182	-.098	-.048	.424	-.014	.631	-.634	-.500	-.561	.038	-.010	-.175	.056	.338	.308
	p2	-.182	1.000	.967	.843	-.049	-.085	.130	.247	.099	.396	.177	.470	.421	-.051	.157	-.039
	p3	-.098	.967	1.000	.825	.113	-.023	.189	.217	.125	.358	.128	.586	.462	.037	.099	.037
	p4	-.048	.843	.825	1.000	-.095	-.071	.026	.194	.063	.320	.319	.324	.387	.122	.131	.439
	p5	.424	-.049	.113	-.095	1.000	-.056	.497	-.183	-.094	-.268	-.186	.005	.153	.183	-.233	-.132
	p6	-.014	-.085	-.023	-.071	-.056	1.000	-.402	.172	.293	-.085	-.179	.161	-.156	-.099	.290	.150
	p7	.631	.130	.189	.026	.497	-.402	1.000	-.247	-.263	-.180	-.053	.233	-.112	-.162	-.036	-.180
	p8	-.634	.247	.217	.194	-.183	.172	-.247	1.000	.877	.644	-.006	.263	-.089	-.205	-.164	-.173
	p9	-.500	.099	.125	.063	-.094	.293	-.263	.877	1.000	.417	-.277	.235	-.063	-.186	-.203	-.119
	p10	-.561	.396	.358	.320	-.268	-.085	-.180	.644	.417	1.000	.128	.208	.179	-.101	-.068	-.026
	p11	.038	.177	.128	.319	-.186	-.179	-.053	-.006	-.277	.128	1.000	.076	.089	.415	.350	.287
	p12	-.010	.470	.586	.324	.005	.161	.233	.263	.235	.208	.076	1.000	.128	.064	-.055	.087
	p13	-.175	.421	.462	.387	.153	-.156	-.112	-.089	-.063	.179	.089	.128	1.000	.740	-.104	.214
	p14	.056	-.051	.037	.122	.183	-.099	-.162	-.205	-.186	-.101	.415	.064	.740	1.000	-.036	.505
	p15	.338	.157	.099	.131	-.233	.290	-.036	-.164	-.203	-.068	.350	-.055	-.104	-.036	1.000	.142
	p16	.308	-.039	.037	.439	-.132	.150	-.180	-.173	-.119	-.026	.287	.087	.214	.505	.142	1.000

续表

		p1	p2	p3	p4	p5	p6	p7	p8	p9	p10	p11	p12	p13	p14	p15	p16
Sig.	p1		.242	.354	.427	.045	.479	.003	.003	.021	.010	.442	.485	.251	.416	.092	.114
	p2	.242		.000	.000	.425	.372	.310	.170	.353	.058	.249	.029	.046	.422	.274	.441
	p3	.354	.000		.000	.333	.465	.233	.201	.317	.079	.312	.007	.031	.444	.352	.444
	p4	.427	.000	.000		.358	.393	.460	.228	.405	.105	.106	.102	.063	.320	.308	.039
	p5	.045	.425	.333	.358		.415	.021	.241	.360	.149	.238	.492	.279	.241	.185	.307
	p6	.479	.372	.465	.393	.415		.055	.254	.127	.372	.247	.268	.275	.353	.129	.282
	p7	.003	.310	.233	.460	.021	.055		.169	.154	.245	.421	.184	.334	.268	.446	.245
	p8	.003	.170	.201	.228	.241	.254	.169		.000	.003	.490	.154	.367	.215	.265	.253
	p9	.021	.353	.317	.405	.360	.127	.154	.000		.048	.140	.182	.404	.237	.217	.325
	p10	.010	.058	.079	.105	.149	.372	.245	.003	.048		.312	.211	.247	.350	.397	.461
	p11	.442	.249	.312	.106	.238	.247	.421	.490	.140	.312		.386	.367	.049	.084	.132
	p12	.485	.029	.007	.102	.492	.268	.184	.154	.182	.211	.386		.312	.404	.417	.371
	p13	.251	.046	.031	.063	.279	.275	.334	.367	.404	.247	.367	.312		.000	.345	.204
	p14	.416	.422	.444	.320	.241	.353	.268	.215	.237	.350	.049	.404	.000		.445	.019
	p15	.092	.274	.352	.308	.185	.129	.446	.265	.217	.397	.084	.417	.345	.445		.294
	p16	.114	.441	.444	.039	.307	.282	.245	.253	.325	.461	.132	.371	.204	.019	.294	

图 3 -4 给出了因子的碎石图，图中的横坐标为因子的序号，纵坐标为相应特征根的值。从图中可以看出，前五个因子的特征根普遍较高，连接成了陡峭的折线，而第五个因子之后的特征根普遍较低，连接成了平缓的折线，这进一步说明了提取 5 个因子是比较合适的。

表 3 -11　　变量共同度

	p1	P2	P3	P4	P5	P6	P7	P8	P9	P10	P11	P12	P13	P14	P15	P16
初始	1.00	1.00	1.00	1.00	1.00	1.00	1.00	1.00	1.00	1.00	1.00	1.00	1.00	1.00	1.00	1.00
提取	0.898	0.920	0.947	0.821	0.811	0.836	0.817	0.814	0.811	0.654	0.882	0.870	0.891	0.916	0.919	0.769

提取方法：主成分分析

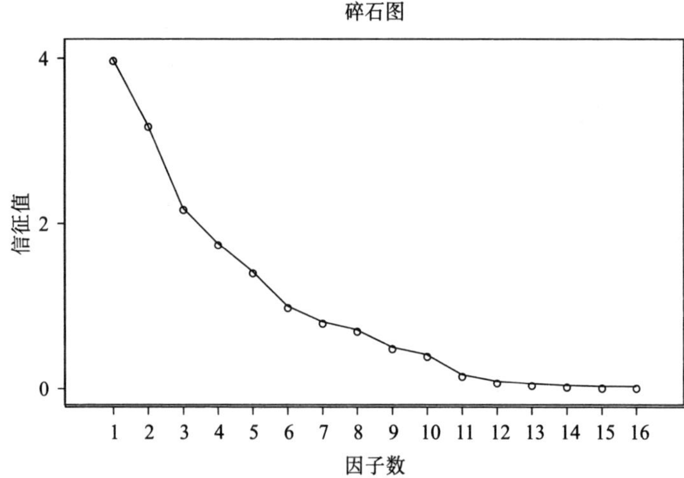

图 3 -4　因子碎石图

表3-12 特征根和方差贡献表

成份	初始特征值			提取平方和载入			旋转平方和载入		
	合计	方差的%	累计的%	合计	方差的%	累计的%	合计	方差的%	累计的%
1	3.965	24.781	24.781	3.965	24.781	24.781	3.436	21.475	21.475
2	3.166	19.786	44.567	3.166	19.786	44.567	3.281	20.505	41.980
3	2.162	13.514	58.081	2.162	13.514	58.081	2.250	14.064	56.045
4	1.736	10.849	68.929	1.736	10.849	68.929	1.877	11.729	67.774
5	1.395	8.716	77.645	1.395	8.716	77.645	1.579	9.871	77.645
6	0.975	6.092	83.737						
7	0.785	4.907	88.645						
8	0.689	4.304	92.949						
9	0.480	3.000	95.949						
10	0.388	2.425	98.374						
11	0.147	0.920	99.293						
12	0.064	0.403	99.696						
13	0.034	0.210	99.906						
14	0.013	0.084	99.990						
15	0.001	0.008	99.999						
16	0.000	0.001	100.000						

提取方法：主成分分析

（3）因子得分系数矩阵

表3-13给出了各因子在不同变量上的系数，据此可以计算出每一个因子在不同样本上的得分，根据表中的因子得分系数和原始变量的标准化值就可以计算每个样本的各因子的分。本实证中的因子得分表达式可以写成：

$F1 = 0.073 * P1' + 0.270 * P2' + 0.288 * P3' + \cdots + 0.005$

$* P16'$

$F2 = -0.314 * P1' + 0.005 * P2' - 0.027 * P3' + \cdots - 0.065P16'$

……

其中 Pi' 为原始变量的标准化值。

表 3－13　　因子得分系数矩阵

	成分				
	1	2	3	4	5
p1	0.073	－0.314	－0.050	－0.011	0.155
p2	0.270	0.005	－0.065	0.064	－0.084
p3	0.288	－0.027	－0.014	－0.030	0.000
p4	0.226	－0.010	0.044	0.124	－0.002
p5	0.072	－0.154	0.095	－0.394	0.058
p6	0.020	－0.031	0.016	－0.029	0.587
p7	0.160	－0.214	－0.174	－0.155	－0.148
p8	0.059	0.223	－0.065	－0.069	0.089
p9	0.039	0.184	－0.015	－0.193	0.239
p10	0.069	0.210	－0.034	0.075	－0.146
p11	0.015	－0.001	0.064	0.344	－0.154
p12	0.217	－0.043	－0.010	－0.127	0.204
p13	0.045	0.052	0.364	－0.139	－0.091
p14	－0.062	0.004	0.447	－0.074	0.019
p15	0.068	－0.126	－0.138	0.369	0.178
p16	0.005	－0.065	0.260	0.113	0.255

提取方法：主成分分析

旋转方法：具有 Kaiser 标准化的正交旋转法

表 3－14 给出了各因子的得分。以各因子旋转后的方差贡献

率为权重，计算每个样本财务绩效的综合得分。每个因子权重的计算公式为：

因子权重 = 方差贡献 / 所有因子的累积方差贡献率

财务绩效的综合值是在原始变量标准化（均值为 0，方差为 1）的基础上计算出来的，因此有正数和负数，数值本身没有什么特殊含义，只是代表了样本在总体中的排列位置，数值为正数，说明企业绩效在平均数以上；数值为负数，说明企业绩效在平均数以下；数值越大说明财务绩效越好，反之，数值越小说明财务绩效越差。

表 3－14　2014 年通讯及相关设备制造业上市公司财务绩效因子得分及综合财务绩效得分

	F1	F2	F3	F4	F5	P 综合得分
中兴通讯	0.51115	-0.2841	1.0366	1.16287	0.64632	0.511937
闽福发 A	-0.32706	-0.38385	1.78706	0.42077	0.03808	0.200269
中信国安	0.02179	-0.68156	-0.06321	1.07568	0.2098	0.00375
中国卫星	-0.27017	0.30352	2.81908	-1.57384	-0.4249	0.224297
宏图高科	-0.11118	1.25606	-0.17485	0.22131	-0.86592	0.192634
大唐电信	-0.2686	-0.21271	-0.91129	0.56695	-0.3221	-0.25083
大恒科技	-0.0078	0.64376	-0.70281	0.47682	-0.30846	0.073363
长江通信	-0.1987	-0.44631	-0.40141	-0.05726	0.92143	-0.13704
精伦电子	0.05397	-0.96662	-0.79258	-0.69522	-0.59972	-0.56517
中创信测	0.87421	-2.32864	-0.67381	-1.70245	-0.04468	-0.75807
烽火通信	-0.21375	-0.55527	0.06317	1.06428	2.61734	0.299195
飞乐股份	-2.27826	0.38886	-0.52906	0.46079	-1.02713	-0.68423
航天通信	2.96373	0.74938	-0.06057	0.64834	-1.05946	0.969885
上海普天	-0.70977	-0.16962	-0.38513	-1.10504	-0.35041	-0.52234
中电广通	-0.17147	0.35092	0.13464	0.93706	-0.63151	0.130904
南京熊猫	-0.16353	0.00192	-0.38324	-0.18166	-0.60885	-0.21898
东方通信	0.29544	2.33427	-0.76257	-1.7194	1.81016	0.53043

(4) 样本综合绩效得分

按照前述过程和方法计算 2010~2014 年综合的财务绩效，结果如下表 3-15。

表 3-15　2010~2014 年通讯及相关设备制造业上市公司绩效

	2014 年财务绩效	2013 年财务绩效	2012 年财务绩效	2011 年财务绩效	2010 年财务绩效
中兴通讯	0.511937	0.61266	0.699798	1.140113	0.69353
闽福发 A	0.200269	-0.24253	-0.24823	-0.37963	-0.10726
中信国安	0.00375	0.271806	0.034271	-0.06321	-0.21273
中国卫星	0.224297	0.140718	0.037434	-0.06416	0.169839
宏图高科	0.192634	0.097442	0.153382	-0.07796	-0.13236
大唐电信	-0.25083	-1.26194	-1.02507	-0.47539	-0.84592
大恒科技	0.073363	0.154291	0.47625	0.630346	0.589659
长江通信	-0.13704	-0.08388	0.053504	-0.14658	0.008988
精伦电子	-0.56517	-0.09727	-0.9495	-0.31321	-0.10959
中创信测	-0.75807	0.227127	-0.60477	-0.3217	0.719329
烽火通信	0.299195	0.319897	0.336316	-0.156	-0.03864
飞乐股份	-0.68423	-0.06492	0.066773	-0.26788	-0.13672
航天通信	0.969885	-0.54292	0.198824	0.20124	0.01117
上海普天	-0.52234	-0.17691	-0.13039	-0.00626	-0.0441
中电广通	0.130904	-0.23746	0.515092	0.072225	0.299261
南京熊猫	-0.21898	-0.08128	0.119255	-0.18347	0.053878
东方通信	0.53043	0.965163	0.267068	0.411515	-0.91832

3.5　本章小结

本章的主要目的是对高技术企业的绩效进行评价。首先对企业绩效评价模式，包括财务评价模式、非财务评价模式、战略性绩效评价模式进行分析并总结；其次，在分析高技术企业特点的基础上，提出基于利益相关者理论的绩效评价指标，综合各利益相关者角度的绩效评价，总体分为财务绩效和非财务绩效。分析了非财务绩效与财务绩效的内在联系，同时由于实证中要求的非财务信息不可获得性，主要考虑财务指标；最后，以通讯及相关设备制造业上市公司为例，采用因子分析的方法，对 17 家上市公司 2010 ~ 2014 年的财务绩效计算出综合得分，由于衡量绩效的变量已经进行正向化处理，因此得分越高表示企业的绩效越好。

第4章 高技术企业知识资本与绩效关系研究

4.1 高技术企业知识资本的确认

随着知识经济的发展和现代企业制度的演进，以及实物资本、金融资本地位的下降，知识、信息运用不断广泛深化而成为企业最有价值的资产，它构成了企业的核心竞争力。同时，知识经济时代的到来，使会计核算所处的环境发生了重大的变化。技术、教育、管理、信息等知识资产在社会生产和资源配置过程中逐渐成为主导力量，并在企业财富创造过程中发挥着举足轻重的作用。会计的基本职能是对企业的资产负债状况和经营状况进行全面系统的反映和监督。会计主体的前提假设严格划清了会计主体与其他主体、主体与主体所有者之间的经济界限，明确了会计应当全面提供主体范围内所有财务状况和经营成果的财务信息。

知识资产是现代经济学对生产要素不断扩展内涵所赋予技术、教育、管理、信息等知识资本以“资产”的含义。生产要素不仅仅包括劳动、财务资本和土地，技术、教育、人力资本、研究与开发、组织能力以及管理等等都是生产要素。然而，我国的《企业会计准则》规定的资产确认标准为：“符合会计准则规定的资产定义的资源，在同时满足以下条件时，确认为资产：（1）与该项目有关的经济利益很可能流入企业；（2）该资源的成本或者价值能够可靠地计量。”而属于知识范畴的大部分并不能可靠地计量，因此，在会计报表上并不能找到知识资产的金额，因此本书将企业拥有的知识界定为一项资本，而不是资产。会计是一门方法论的科学，应该以其技术属性不断地适应和服务于经济社会发展的需要，然而会计技术的发展是在经验的探索中而形成的，必然滞后于经济发展，因此，对知识资本的确认还处在探讨中。

帕特里克·沙利文在《智力资本管理—企业价值萃取的核心能力》中提出知识型企业发现市场对于它们的评估价格远远高于它们资产负债表里的账面价值。微软和其他的知识型企业的市场溢价取决于它们的智力资本以及把那些资产转变成收入的能力。在众多学者的研究中也发现，企业市场价值与账面价值存在严重背离，这种差异不能用传统会计标准下记录的无形资产来完全解释，而有些学者认为这种差异是企业拥有的知识资本的价值。本人以我国 2014 年通讯及相关设备制造业上市公司 32 家样本作了统计分析，对上市公司市值与净资产账面价值进行比较，统计结果见表 4－1。

表 4-1　2014 年通讯及相关设备制造业上市公司市账比统计

市账比	[-, 3]	[3, 6]	[6, 9]	[9, 12]	[12, -]
样本数	5	14	6	1	6
比例	15.625%	43.75%	18.75%	3.125%	18.75%

其中 [12, -] 区间样本及市账率分别为，*ST 博信（85.84746）、S 前锋（32.83465）、*ST 大唐（23.15584）、*ST 沪科（27.4375）、ST 华光（24.46429）、*ST 汇源（13.50629），可以看到这六家上市公司全部为经营状况不好的上市公司，它们的市账比出奇的高，但并不能认为这几家上市公司所拥有的知识资本就高，剔除这六个样本，对经营状况良好的 26 家上市公司进一步分析，市账比均值为 5.4271，可以看到上市公司的市场价值与账面价值相差悬殊，有形资产投资与企业价值之间的相关性越来越小，这些现象使得知识资本这一价值驱动因素日益凸现出来。

应该说，目前人们对知识资本的重视程度是远远不够的，这从目前的资产管理工作中就能看得出来。在会计的工作中，能够列为无形资产入账的研发支出，只有一小部分，企业自创商誉以及内部产生的品牌、报刊名等，不能确认为无形资产入账，而这些都应为企业所拥有的知识资本，在企业的正常经营过程中，无形资产的效用实际上被大大低估了，同时也导致了公司账面价值较实际价值低很多。知识资本评估是知识经济时代企业追求价值最大化的强烈需求，能够更全面地反映企业价值和经营业绩。在一个企业无形资产占有较小比例份额时，忽略无形资产价值，对确定企业价值最大化目标的实现途径不会有很大的影响。但是，现在的许多企业，特别是高新技术企业，有的无形资产已经占有相当的份额，忽略无形资产的价值，就不能实现真正意义上的企业价值最大化。企业账面价值与市场价值的严重背离给绩效评价带来许多问题，因此，需要一个新的绩效评定系统来控制企业的经营过程。这个新绩效评定系统必须是以知识为基础，以衡量知识资本为中心。知识资本评估就承担了知识经济时代企业绩效评定系统的任务。由于股票市场受各种随机因素的干扰，以股票价格为基础计算企业的市场价值，从而倒挤知识资本价值的方法存在明显的缺陷，这种缺陷在股价波动较大时表现尤甚，毕竟企业知识资本的价值并不会随短期内市价的波动而急速增加或减少，隐藏价值并不能全部代表知识资本，因此，需要考虑企业内部一些非财务指标，对上市公司的知识资本进行分类和评估。

4.2　高技术企业知识资本的分类

加拿大互惠集团（Mutual Group）人力知识及战略副总裁休伯特·圣昂吉（Hubert Saint - Onge）是知识创造领域的先锋，他将知识资本定义为人力资本（为客户提供解决方案所需的个人能力）、客户资本（特许经营的深度、广度、依赖度及盈利能力）以及结构资本（组织满足市场需求所需要的组织能力）的总和。休伯特·圣昂吉模型的焦点是隐性知识以及如何最有效地更新和管理它。他的模型建立在这样的信念之上，即通过理解公司的隐性知识，公司就会找到建立内聚力的方法，而这种内聚力可以提高公司的未来绩效。

斯堪的亚公司的雷夫·爱德文森，将知识资本定义为“公司人力和结构资本的总和”。人力资本由公司的职员组成，每个职员都具备一定的技能、知识和技术诀窍。当人力资本一旦作为传播任何知识、技术诀窍或学习的媒介时，智力资产就形成了。

一旦这些知识写下来，它们就被编撰成文并且被定义了。智力资产的实例包括计划、程序、备忘录、草图、图样、蓝图以及计算机程序等，上面所列的任何一项受到法律保护的都被称作知识产权。知识产权包括专利权、著作权、商标、商业秘密。结构资本是一家公司的“硬”资产，包括资产负债上的所有条目：金融资产、建筑物、机器以及公司的基础设施，也同样包括互补性商业资产（包括制造设施、分销能力、销售渠道等必要的商业要素），是企业人力资本的支持资源。

斯图尔特（Stewart，1997），将知识资本分为人力资本、结构资本及顾客资本。这种观点得到了广泛的认同，本书对高技术企业知识资本结构的解读也从这一角度出发。将知识资本划分为三大类，包括人力资本、组织资本和关系资本，之所以以关系资本代替客户资本，是考虑到企业需要与外部利益关系人联系，而不仅仅是顾客，还包括供应商、税务部门、政府等。

4.2.1 人力资本

人力资本只局限在企业内部，不包括企业外部的顾客和供应商，是指企业员工所具有的教育水平、技能、知识和经验、管理人员能力等。从本质上来讲，人力资本在很大程度上是隐性的，不归公司所有的。

现代企业的契约理论认为，企业是“一系列契约的联合”，在市场经济条件下，企业由物质资本和人力资本构成一个特殊的契约，企业契约理论一方面指出了企业契约的性质，另一方面也指出了人力资本的重要性。Barney（1991），Wright 等（1994）认为在经济全球化背景下，企业竞争的环境已经发生变化，像资金、规模经济等传统资源的竞争优势已经逐步衰退下去，企业持续竞争优势开始转向人力资源的争夺[117][118]。Pfeffer（1994）认为在竞争日益激烈的世界范围内企业成功的关键在于留住和吸引比竞争对手更优秀的人才，因此人力资源的开发、投资和利用是关键[119]。对人力资本的研究结果还表明，包括教育水平、工作经验和技能在内的人力资本特性，尤其是高级管理人员的管理能力和自身素质会显著影响企业的绩效（Huselid 1995；Pennings 等 1998；Wright，Smart 和 Mc Mahon1995）[120][121][122]。Griliches 和 Regev（1995）研究表明劳动力质量能显著地影响企业间生产率的差异[123]；Majumdar（1998）研究结论为：劳动力质量的提高能带来企业利润的提高，而且劳动力质量与企业增加营运规模的能力也有显著正相关关系[124]。同时随着企业规模的扩张，企业总的生产成本会增加，但由于固定成本并不随着生产总量而提高，平均单位生产成本却可能下降，这就是组织的规模经济。企业对知识资本的持续投资就在于形成组织的规模经济效应。根据以上分析，本书对人力资本从员工平均教育程度、员工能力的增长、高管人员报酬、企业人数规模来综合衡量。

4.2.2 组织资本

组织资本由公司的支撑性资源和基础结构构成。组织资本对企业产生多重影响，包括在劳动生产率、工资、劳动力需求等方面，目前对组织资本研究较多的方法是定性研究，由于组织资本的概念不像人力资本的概念能清楚地界定，因此度量存在一定的困难，定量研究组织资本的并不多。在国外学者的研究中，Lev & Radhakrishnan（2003）将组织资本从三个角度衡量：组织的运营能力、组织的投资效率和组织的创新水平[125]。Engstrom 和 Westnes（2003）认为组织的效率与效果、更新和发展、系统和流程以及文化氛围构成了结构资本的四个维度，其中需要用若干指标或题项来测量每个维度[126]。Palacios – Marques 和 Garrigos –

Simon（2003）则对组织资本进行了更为详细的划分，总共分为7个方面，即企业内部知识产权、企业外部知识、有效利用现有知识存量的能力、知识的交流和扩散的社会机制、企业对外部知识吸收和转化能力、企业文化背景、企业知识存量水平以及与企业发展战略的一致性，研究中采用因子分析法对多变量数据进行分析检验，结果显示这个维度设计是有效的[127]。De Pablos（2002）重点研究了亚洲、欧洲和中东这些倡导知识资本度量和报告的国家里的企业，比较了知识资本报告，在此基础上提出组织资本的6个维度，包括基础设施、顾客支持、管理流程、创新能力、管理质量和改进以及知识基础[128]。

综上所述，对组织资本的度量基本采用问卷调查的形式，本人认为问卷调查的结果有很大的不确定性，因为同一公司调研的对象不一样，对企业组织流程、规章、文件档案的了解程度不一，得到的结果就不一样，即使同一人，在不同时期会因心情、健康及情感的变化而产生不同的调研结果。因此，本人准备在前人研究的基础上采用公司年报上所披露的确切指标对组织资本进行度量。本书的研究对象是高技术企业，而高技术企业的典型特征是高技术、高创新，因此结合高技术企业的特点，准备按Skandia对组织的分类，将组织资本从过程资本和创新资本两个维度进行测量。组织资本是知识资本中相对稳定的资本，也是唯一归企业所有的的资本，是企业商业创新的重要源泉。创新资本反映企业创新投入和能力，可以用研发人员比例、员工平均拥有商标权和专有技术表示；过程资本（Process Capital）是不依附于企业人力资源而存在的组织的其他所有能力，包括工作程序、特殊方法、管理质量以及为扩大并加强制造或服务效率的员工计划，为一种连续性价值创造的实用知识。过程资本包括有形的和无形的因素。其中，无形部分可包括企业的信息技术、用户数据库、经营流程、战略计划、企业文化、企业的历史、企业目标和价值观等。而有形部分则可包括财务资产、设施和企业资产表中的有价值的所有项目。过程资本的作用在于帮助员工提高他们的知识和能力的财务回报。这一目标通过提高人力资本条件、关注其核心竞争力来实现。过程资本可以从以下几个方面来衡量：企业管理的效率高低、知识产品的比重、企业组织形式（扁平式还是金字塔式，用管理人员比重表示）、管理资金的投入、员工管理水平（水平越高配备率越高）、员工设备配备率。

4.2.3　关系资本

关系资本是指影响相互信赖的规范、价值、观点和信念，主要指企业与供应商、客户、政府机构及其他组织、个人之间的社会信任。社会信任有益于形成增强合作效果、产生互惠期望、降低交易费用的社会关系网络。组织与过去、现在以及潜在的顾客之间存在必然的联系，且随着企业年龄的增长，组织间正式或非正式的关系网络日益成熟和完善，企业之间基于共同目标或特定目标而不断交流和合作，在长期的交往中增进了组织间信任，促进了组织间交易的高效率，这便是组织网络的延伸效应。企业与供应商、分销商等合作伙伴建立稳定的合作关系，不但可以获得更优惠的用于产品或服务的资源价格，而且可以保证产品的质量，提高客户的稳定性（Pennings，Lee 和 Witteloostuijn 1998；Uzzi 1999）[129]。Johnson（1998）以工业机械设备分销行业为例，验证供应商与绩效之间的关系，发现供应商关系的战略整合能够显著增强企业的财务绩效[130]。Dollinger（1995）认为与商业伙伴、政府部门的密切联系是企业成功的关键[131]。Hansen（1995）认为企业家网络与组织的成长正相关[132]。本书提出关系资本的维度有企业—顾客关系、企业—供应商关系、企业—潜在顾客关系、企业经验、沟通效率。

4.3 高技术企业知识资本的测量

4.3.1 高技术企业知识资本指标体系的建立

知识资本评价的影响因素众多，关系错综复杂，要用多个指标建立一个有机的整体来全面地反映系统的状态，因此指标设计要遵循一定的原则，以保证知识资本评价体系的科学性、全面性和合理性。本着科学性原则、可行性原则（数据可得）、完备性原则、独立性原则及时效性原则，建立如表 4 – 2 所示的上市公司知识资本评价体系。

表 4 – 2　　上市公司知识资本测度指标体系

类别	指标名称	计算公式	指标设计来源或理由
人力资本	员工平均教育程度 k1	本硕博以上学历占企业员工总数的比例	Bukh, Larsen 和 Mouritsen (2001) Van Buren (1999); De Pablos (2002)
	工资增长率 k2	(今年人均工资费用 – 去年人均工资费用) / 去年人均工资费用	按照薪酬支付理论，体现员工能力的增长
	高管人员报酬 k3	前三位高管人员报酬之和	高管人员能力与其工资成正比
	规模 k4	员工总数	Bukh, Larsen 和 Mouritsen (2001); Edvinsson 和 Malone (1997)

续表

类别		指标名称	计算公式	指标设计来源或理由
组织资本	创新资本	研发人员比例 k5	研发人数/公司员工总人数	Dzinknowski (2000); Edvinsson 和 Malone (1997)
		员工平均拥有的商标权及专有技术 k6	商标权与专有技术/总员工	Van Buren (1999); Edvinsson 和 Malone (1997); Dzinknowski (2000)
	过程资本	管理效率 k7	利润总额/管理费用	瑞典 Scandia 导航器计量指标
		企业组织形式 k8	公司总人数/管理人员	扁平化组织有利于组织知识学习和扩散
		管理费用投入 k9	管理费用/员工数	瑞典 Scandia 导航器计量指标，Edvinsson 和 Malone (1997)
		员工资产管理水平 k10	资产总额/员工总数	对员工管理的信任度
		无形资产比例 k11	无形资产/总资产	瑞典 Scandia 导航器计量指标
		员工设备配备率 k12	公司设备总值/公司总人数	体现员工工作硬件环境
		企业经验 k13	企业年龄	年龄越大，关系资本越强
		主供应商采购比例 k14	前五名供应商合计采购金额占年度采购总额	Pennings, Lee 和 Witteloostuijn (1998); Uzzi (1999); Johnson (1998)
		主要客户销售比例 k15	前五名客户销售额合计占公司销售总额	瑞典 Scandia 导航器计量指标
		销售人员比例 k16	销售人员/员工总数	公司对潜在顾客的重视程度
		沟通效率 k17	主营业务收入/营业费用	反映营销策略效果

4.3.2 人力资本、组织资本、关系资本互动关系分析

人力资本、组织资本、关系资本是知识资本的三个子要素，为了评估企业的知识资本，必须对三个子要素之间的互动关系进行阐述。

（1）人力资本与组织资本的互动关系。人力资本是高技术企业知识的载体，人的教育素质、技能、经验及高层的管理能力依附人的个体而存在，归个人所有，企业对人力资本只能是租用而不能被占有。一方面，人力资本的价值只能依附于企业组织而实现，组织中人力资本的价值实现凭借组织的支撑性资源和基础机构将个人、团队和部门间知识向组织知识转换，从而提高组织的智商，增强组织的可持续竞争力。知识管理必须通过将人与技术的充分结合而在共享的组织文化氛围下才能达到乘数的效果。另一方面，员工素质影响企业的创新能力、管理效率的发挥，离开了人力资本，组织资本也就不复存在了。组织资本发挥作用的最关键主体是人力资本，只有通过人力资本载体的投资和提高，才能促进组织资本的提高和企业绩效的提高。适合的企业文化、组织形式、为员工提供的工作环境、充分的信任和授权会提升员工的积极性，促使员工工作效率的发挥和企业价值的实现，员工个人也在“干中学”中积累了丰富的经验，提高了技能；在企业中，人力资本与组织资本的相互作用对组织绩效起到正向作用。

（2）人力资本与关系资本的互动关系。关系资本依赖员工个人的沟通技巧、组织提供的沟通渠道及对沟通的重视程度，可以说关系资本依赖于人力资本和组织资本而存在。关系资本主要是要求企业建立起与其利益相关者之间的关系，通过这种良好关系为企业带来更多的物质资源和客户资源，因此，从概念上来

讲，关系资本和人力资本的关系就非常密切。因为，只有较高素质的员工才能为企业吸引和留住更有利的客户，增强市场占有率，提高企业绩效；对人力资本和社会资本的投资可以增进员工的绩效和企业的绩效。从另一方面来看，良好的关系资本给企业带来了更高的市场占有率、畅通的沟通渠道、培训机会和开拓空间，反过来可以增强员工个人能力、经验和素质，提升人力资本。在企业中，人力资本与关系资本的相互作用对组织绩效起到正向作用。

（3）组织资本与关系资本的互动关系。一方面，组织内部合理的经营流程、制度、文化氛围、团结协作精神和技术支撑，可以帮助企业在市场中树立良好信誉，从而得到政府以及其他利益相关者的支持和合作、顾客的赞同，提高企业的关系资本，最终使得组织绩效提高，因为任何关系资本的建立都是在组织资本所提供的制度、结构和流程基础之上的。另一方面，良好的关系资本为组织资本带来了外界更多的信息、知识和资源，促进组织资本随着市场变化的发展而不断调整，因此，在企业运作中，组织资本和关系资本的相互作用对组织绩效起到正向作用。

综合以上分析，人力资本、组织资本和关系资本是相互作用的，相互作用的最终结果体现在个人价值和企业绩效的实现上。高技术企业知识资本管理实际上就是对人力资本与组织资本、关系资本间的良性互动机制进行探讨，寻求如何在复杂的竞争环境下用新的方式思考管理人员的职责，组织如何激活人力资本，使其在组织资本中发挥更大的作用。

4.3.3　高技术企业知识资本的实证分析

在实证分析中仍然以通讯及相关设备制造业 17 家高技术上市公司为样本。数据来源仍然是上市公司资讯网和金融界网站各上市公司 2010～2014 年的年报。由于篇幅限制在此只列出 2014 年的计算与分析过程。采用因子分析法，对 2014 年通讯及相关设备制造业以 17 家上市公司的知识资本进行分析，得到表 4－3；2014 年通讯及相关设备制造业上市公司知识资本特征根与方差贡献率，见表 4－4；2014 年知识资本因子得分系数矩阵。

表 4－3　2014 年通讯及相关设备制造业上市公司知识资本特征根与方差贡献率

成分	初始特征值			提取平方和载入			旋转平方和载入		
	合计	方差的%	累计的%	合计	方差的%	累计的%	合计	方差的%	累计的%
1	4.965	29.205	29.205	4.965	29.205	29.205	4.836	28.448	28.448
2	3.707	21.809	51.013	3.707	21.809	51.013	3.008	17.692	46.140
3	2.411	14.180	65.193	2.411	14.180	65.193	2.594	15.260	61.401
4	1.553	9.132	74.326	1.553	9.132	74.326	1.761	10.358	71.759
5	1.252	7.366	81.692	1.252	7.366	81.692	1.689	9.933	81.692
6	0.883	5.193	86.884						
7	0.618	3.633	90.517						
8	0.611	3.594	94.111						
9	0.521	3.065	97.176						
10	0.219	1.289	98.465						
11	0.150	0.880	99.345						
12	0.069	0.408	99.753						
13	0.024	0.144	99.896						
14	0.011	0.066	99.962						
15	0.006	0.034	99.996						
16	0.001	0.004	100.00						
17	1.2E－016	7.1E－016	100.00						

提取方法：主成分分析法

表 4-4　2014 年通讯及相关设备制造业上市公司知识资本因子得分系数矩阵

	成分				
	1	2	3	4	5
K1	0.020	0.001	0.311	0.086	-0.194
K2	0.172	-0.007	-0.015	0.016	-0.049
K3	0.033	0.065	-0.043	0.506	0.038
K4	0.011	-0.041	-0.082	0.512	0.024
K5	-0.100	0.063	0.344	-0.103	-0.094
K6	-0.026	0.138	0.234	-0.186	0.036
K7	0.144	0.042	0.104	0.009	0.197
K8	-0.134	-0.108	0.217	-0.082	-0.253
K9	0.207	-0.008	-0.047	0.026	-0.009
K10	0.201	0.032	0.009	-0.018	0.027
K11	0.087	0.055	-0.031	-0.144	-0.312
K12	0.204	-0.011	-0.046	0.029	-0.028
K13	-0.048	0.240	-0.282	-0.063	-0.201
K14	-0.004	-0.091	-0.040	-0.013	0.584
K15	-0.004	0.304	-0.004	0.028	-0.046
K16	0.027	-0.348	0.117	-0.077	0.200
K17	0.045	0.238	0.012	-0.030	0.042

提取方法：主成分分析

旋转方法：具有 Kaiser 标准化的正交旋转法

表 4-4 给出了因子得分系数矩阵，根据表中的因子得分系数和原始变量的标准化值就可以计算每个观测值的各因子得分，

本例中旋转后的因子得分表达式可以写成：

$$F1 = 0.020K1 + 0.172K2 + 0.033K3 + 0.011K4 + \cdots + 0.045K17$$

$$F2 = 0.001K1 - 0.007K2 + 0.065K3 - 0.041K4 + \cdots + 0.238K17$$

……

其中 Ki 为原始变量的标准化值。

因子分析法的一个重要特点是可以把多个变量采用一定的权重综合成一个值，利用表 4－3 给出的每个因子的方差贡献率为权重，本例中 2014 年每个样本知识资本可以用如下表达式计算：

$$K = 0.28448F1 + 0.17692F2 + 0.15260F3 + 0.10358F4 + 0.09933F5$$

$$= 0.28448 * (0.020K1 + 0.172K2 + 0.033K3 + 0.011K4 + \cdots + 0.045K17) + 0.17692 * (0.001K1 - 0.007K2 + 0.065K3 - 0.041K4 + \cdots + 0.238K17) + \cdots + 0.09933 * (-0.194K1 - 0.049K2 + 0.038K3 + 0.024K4 + \cdots + 0.042K17)$$

$$= (0.28448 * 0.020 + 0.17692 * 0.001 + \cdots - 0.09933 * 0.194)K1 + (0.28448 * 0.172 - 0.17692 * 0.007 + \cdots - 0.09933 * 0.049)K2 + \cdots + (0.28448 * 0.045 + 0.17692 * 0.238 + \cdots + 0.09933 * 0.042)K17$$

从上式可以发现通过因子分析，实际上赋予了每个变量不同的权重，这种方法是通过每个变量对知识资本总体方差贡献率的大小来设定权重，某项指标的重要性也与指标值离散程度有关，当衡量知识资本指标数据的离散程度越大时则该指标在系统中起的作用也就越大；反之就越小。若某项指标的指标值全部相等，则该指标在系统的评价中不起作用。也就是说可以根据指标数据的离散程度，来确定指标权重是合理的，这样就为人力资本、组织资本、关系资本的计算铺垫了基础。上式的计算中权重直接用各因子的方差贡献率来设定，并不影响当年度各指标的相对权重，但因为每年累计方差贡献率不同，为了比较不同年度的指标权重，在实证计算各指标权重时，都除于各年累计的方差贡献率。通讯及相关设备制造业 17 家上市公司 2010～2014 年知识资本各指标权重计算结果如表 4－5。

表 4－5　　2010～2014 年通讯及相关设备制造业上市公司知识资本各指标权重

指标＼年份	2014 年	2013 年	2012 年	2011 年	2010 年
K1	0.052637	0.095841	0.109366	－0.00836	0.057182
K2	0.051631	0.060489	－0.02265	－0.10208	0.070465
K3	0.086422	0.090614	0.107443	－0.00134	0.105734
K4	0.047209	0.047132	0.014719	－0.03754	0.070674
K5	0.018718	0.01541	0.045633	－0.18081	0.032407
K6	0.045504	0.07687	0.069021	0.061096	0.039581
K7	0.103939	0.099031	0.002422	0.0552	0.060096
K8	－0.07073	0.049997	0.118318	－0.17328	－0.08924
K9	0.063512	0.051836	0.07728	0.279523	0.078455
K10	0.079445	0.092714	0.084508	0.299049	0.084884
K11	－0.01979	0.040532	0.012307	0.307525	0.076042
K12	0.06042	0.106713	0.084536	0.215663	0.027429
K13	－0.04992	－0.10018	－0.04245	0.15948	0.088201
K14	0.040737	－0.0582	0.041301	－0.01729	0.036562
K15	0.061628	0.093428	0.150874	0.141517	0.005352
K16	－0.02955	－0.04506	－0.02252	－0.02919	－0.05558
K17	0.070628	0.106932	0.008431	0.26995	0.046468

表 4－6　　2010～2014 年通讯及相关设备制造业上市公司的知识资本

年份 / 公司	2014 年					2013 年				
	综合得分	人力资本	创新资本	过程资本	关系资本	综合得分	人力资本	创新资本	过程资本	关系资本
中兴通讯	0. 279633	0. 434104	－0. 00668	－0. 09631	－0. 05147	0. 338869	0. 561823	0. 025865	－0. 2593	0. 010478
闽福发 A	－0. 099115	－0. 10688	－0. 01195	0. 004918	0. 014784	－0. 17057	－0. 21974	0. 023174	－0. 12623	0. 152212
中信国安	－0. 252718	0. 003379	－0. 01931	－0. 14124	－0. 09555	0. 244316	－0. 08604	－0. 01132	－0. 00926	0. 350938
中国卫星	0. 946202	0. 045118	0. 221847	0. 313885	0. 36535	0. 612927	0. 164166	0. 095551	0. 001993	0. 351218
宏图高科	－0. 404807	－0. 22594	－0. 03536	－0. 07497	－0. 06852	－0. 51768	－0. 22678	－0. 09049	－0. 2857	0. 085293
大唐电信	－0. 040131	0. 083985	－0. 0149	－0. 08531	－0. 02389	－0. 21811	0. 028642	0. 005431	0. 055114	－0. 3073
大恒科技	－0. 409019	－0. 1265	－0. 01008	－0. 19978	－0. 07264	－0. 203291	－0. 11324	0. 016227	－0. 15767	0. 051397
长江通信	0. 083272	0. 033031	0. 002506	0. 064036	－0. 0163	－0. 019395	－0. 03991	0. 109726	0. 040979	－0. 13019
精伦电子	－0. 44349	－0. 0983	－0. 00806	－0. 24374	－0. 09339	0. 012887	－0. 0397	0. 043927	0. 006745	0. 001914
中创信测	0. 101096	0. 112986	0. 024856	－0. 06838	0. 031646	0. 043018	0. 14587	0. 185122	－0. 02241	－0. 26556
烽火通信	－0. 274752	0. 055627	－0. 00381	－0. 18488	－0. 14167	0. 016185	0. 09254	0. 014018	－0. 18329	0. 092916
飞乐股份	－0. 637167	－0. 13235	－0. 03084	－0. 23093	－0. 24305	－0. 50894	－0. 12771	－0. 07776	－0. 14806	－0. 15541
航天通信	1. 159235	0. 166178	－0. 03534	1. 051774	－0. 02346	－0. 311143	－0. 06496	－0. 11205	0. 867825	－1. 00196
上海普天	－0. 34247	－0. 18526	－0. 01301	－0. 12519	－0. 019	－0. 293270	－0. 16151	－0. 02447	0. 070965	－0. 17825
中电广通	0. 188931	－0. 00762	－0. 02913	0. 136161	0. 089513	－0. 19880	0. 00157	－0. 08126	0. 191734	－0. 31084
南京熊猫	－0. 210321	－0. 0951	－0. 01181	－0. 07082	－0. 0326	－0. 27980	－0. 04771	－0. 02743	－0. 01006	－0. 1946
东方通信	0. 355634	0. 043531	－0. 01893	－0. 04922	0. 380248	0. 53051	0. 132696	－0. 09425	－0. 03339	0. 525461

续表

公司＼年份	2012年					2011年				
	综合得分	人力资本	创新资本	过程资本	关系资本	综合得分	人力资本	创新资本	过程资本	关系资本
中兴通讯	0.452537	0.54	0.026012	-0.24377	0.13029	0.768609	0.196723	0.13416	-0.22364	0.661367
闽福发A	-0.26589	-0.22205	-0.08071	0.024512	0.012367	-0.496368	-0.16229	-0.03891	0.438263	-0.73343
中信国安	0.063804	-0.0236	0.074656	0.076771	-0.06402	0.101065	-0.07718	0.00216	-0.53515	0.711233
中国卫星	0.339989	0.01592	0.073457	-0.0619	0.312517	0.1533121	-0.04787	0.019867	0.021533	0.159784
宏图高科	-0.29934	-0.18427	-0.09736	-0.2534	0.235688	-0.479438	0.037359	-0.10029	-0.4451	0.028588
大唐电信	-0.49222	0.053139	-0.06956	0.005321	-0.48112	0.140411	-0.10202	-0.02155	0.256764	0.007219
大恒科技	0.06721	-0.07822	0.036132	-0.14825	0.257554	-0.142725	0.137723	0.118828	0.050117	-0.44939
长江通信	-0.10248	-0.08659	0.147224	0.091893	-0.25501	0.20889	-0.01209	-0.04987	-0.00278	0.27362
精伦电子	-0.05194	0.077239	-0.02788	-0.06517	-0.03613	0.324933	0.088468	-0.01402	0.012186	0.238302
中创信测	-0.59639	0.213479	0.112462	-0.11574	-0.80659	-0.210117	-0.16946	-0.14289	-0.16577	0.267997
烽火通信	0.184251	0.113457	0.073445	-0.16541	0.162761	-0.06250	-0.02324	0.023597	-0.57836	0.515502
飞乐股份	-0.09591	-0.13997	-0.06519	0.007121	0.102129	-0.599448	0.001054	-0.09054	0.493904	-1.00386
航天通信	0.791978	0.09588	-0.06226	0.809275	-0.05092	0.601896	0.14748	0.12148	-1.55522	1.888158
上海普天	-0.4622	-0.20209	-0.02646	0.037671	-0.27133	-0.386951	-0.07432	-0.075	0.278647	-0.51628
中电广通	0.389485	-0.01192	-0.01052	0.142449	0.269481	0.66786	0.236515	0.076058	0.984	-0.62871
南京熊猫	-0.0488	-0.16622	-0.00636	-0.08568	0.209464	-0.336860	-0.06203	-0.0565	0.748069	-0.96641
东方通信	0.159794	0.005819	-0.09709	-0.05568	0.306743	-0.252570	0.114916	0.17127	0.222531	-0.76129

续表

年份 公司	2010 年				
	综合得分	人力资本	创新资本	过程资本	关系资本
中兴通讯	0. 410497342	0. 67218	0. 06638216	−0. 25638127	−0. 07168
闽福发 A	−0. 203045874	−0. 22485	−0. 031958149	0. 006303734	0. 047458
中信国安	−0. 113777472	0. 124274	0. 026913165	−0. 139586854	−0. 12538
中国卫星	0. 172518281	−0. 07281	0. 090513005	−0. 091814456	0. 246628
宏图高科	−0. 54516003	−0. 14194	−0. 046001515	−0. 126132956	−0. 23109
大唐电信	−0. 040736732	0. 061137	−0. 027458724	0. 002652391	−0. 07707
大恒科技	−0. 425217377	−0. 08956	−0. 034291051	−0. 4988567	0. 197491
长江通信	−0. 27341259	−0. 13004	0. 00433105	−0. 180689482	0. 03299
精伦电子	0. 355248799	0. 040175	0. 002532867	0. 216201272	0. 09634
中创信测	0. 1703241	−0. 06622	0. 048488322	−0. 175677568	0. 363732
烽火通信	−0. 324555658	0. 022671	0. 014992385	−0. 121973428	−0. 24025
飞乐股份	0. 129829601	−0. 19156	−0. 044064532	0. 285062203	0. 080392
航天通信	0. 340020298	0. 06298	−0. 056727343	0. 329775615	0. 003992
上海普天	−0. 302980151	−0. 03208	−0. 013142402	0. 048447499	−0. 30621
中电广通	1. 061693843	0. 306396	0. 238914271	−0. 135524729	0. 651909
南京熊猫	−0. 055670947	−0. 10485	−0. 019455893	0. 13171032	−0. 06308
东方通信	−0. 355581589	−0. 39443	−0. 219967615	0. 103964744	0. 154852

4.4　高技术企业知识资本与企业绩效关系的实证研究

4.4.1　计量经济学模型——面板数据回归模型

面板数据（panel date，也称为纵向数据）是指 n 个不同实体在 T 个不同时期被观测的数据。在面板数据中，每个观测单位或实体在两个或两个以上时期被观测。面板数据包含横截面、时间、指标三维信息，利用面板数据模型可以构造和检验比以往单独使用横截面数据或时间序列数据更为真实的行为方程，可以进行更加深入的分析。研究因变量随时间的变化，有可能消除那些在观测单位之间有差异但随时间不变的遗漏变量的影响。

设有因变量 Y_{it} 和 $1 \times k$ 维解释变量 X_{it} 满足线性关系：

$$Y_{it} = \alpha_{it} + \beta_{it} X_{it} + \mu_{it}$$

其中 $i=1, 2, \cdots, n$；$t=1, 2, .., T$；X_{it}是实体 i 在时期 t 的回归因子，且 $X_{it} =$ （$X_{1,it}$，$X_{2,it}$，…，$X_{k,it}$）；α_{it}是特定实体 i 在 t 时期回归模型的截距；β_{it}是实体 i 在时期 t 的变量系数，$\beta_{it} =$ （$\beta_{1,it}$，$\beta_{2,it}$，…，$\beta_{k,it}$）；μ_{it}是随机误差项。

面板数据回归模型的选择通常有三种形式：

（1）一种是混合模型也叫等截距等系数模型。即 $\alpha_i = \alpha_j, \beta_i = \beta_j$，从时间上看，不同个体之间不存在显著性差异；从截面上看，不同截面之间也不存在显著性差异，那么就可以直接把面板数据混合在一起用普通最小二乘法（OLS）估计参数。

（2）一种是固定效应模型也叫变截距模型。即 $\alpha_i \neq \alpha_j, \beta_i = \beta_j$，对于不同的截面，模型的截距不同，其差异用来说明个体影响，即反映在模型中忽略的反映个体差异的变量的影响；随机误差项 μ_{it} 反映模型中忽略的随个体成员和时间变化因素的影响。

个体影响分为固定影响和随机影响两种情况，根据个体影响的不同形式，变截距模型又分为固定影响的变截距模型和随机影响的变截距模型两种。固定影响的变截距模型假定个体成员上的个体影响可以由常数项的不同来说明，即在个体成员方程中的截距项 α_i 为跨截面变化的常数。随机影响的变截距模型把变截距模型中用来反映个体差异的截距项分为常数项和随机变量项两部分，并用其中的随机变量项来表示模型中被忽略的、反映个体差异的变量的影响。

（3）一种是变系数模型。即 $\alpha_i = \alpha_j, \beta_i \neq \beta_j$ ，除了存在个体影响之外，在横截面上还存在变化的经济结构，因而结构参数在不同横截面单位上是不同的。

面板数据回归模型相对于只利用横截面数据和时间序列数据而言有许多优点：首先增加了样本量，这样就提高了自由度并减少了自变量之间的共线性，增强了回归模型估计的有效性；其次，面板数据可以从多个层面进行分析，降低了缺省变量带来的问题。

变截距模型是应用最广泛的一种面板数据模型，当横截面的单位是总体的所有单位时，固定效应回归模型是一个合理的模型，这种方法可以控制面板数据中在样本实体之间发生变化但不随时间发生变化的遗漏变量。本实证数据的样本期较短而截面数据较多，可认为该期间内各公司的每项指标不存在结构性变化，即知识资本的差异主要表现在横截面的不同个体之间，即参数不随时间变化，故本书不考虑时间因素对模型的影响。又因为模型只对样本自身的个体差异情况进行分析，所以可以认为模型是固定效应模型。

4.4.2　变量设定及应用模型

在本实证检验中，涉及的变量如表4-7。

表4-7　　变量设定

	因变量	自变量				
变量含义	财务绩效	知识资本	人力资本	创新资本	过程资本	关系资本
变量符号	FP	KC	HC	IC	PC	RC

在本实证检验中需要建立如下固定效应回归模型：

（1）财务绩效与知识资本回归模型

模型1：$FP = \alpha_i + \beta KC + \mu_i$

（2）财务绩效与人力资本、创新资本、过程资本、关系资本回归模型

模型2：$FP = \alpha_i + \beta_1 HC + \beta_2 IC + \beta_3 PC + \beta_4 RC + \mu_i$

4.4.3　理论分析及假设建立

（1）高技术企业知识资本与绩效

在当今信息时代，技术的发展日益更新，加快了知识的折旧速度，在高技术企业，知识水平的大小影响企业对新技术的吸收、利用和更新的能力，决定了企业的长远发展能力和产品的知识含量，影响了其市场竞争力，进而影响了企业的绩效，国内外学者的研究大量表明，人力资本、组织资本和客户资本之间的相互作用可产生财务成本，随着时间的推移，这会成为资本市场认可的权益，进而影响公司的市场价值；知识资本与企业绩效正相关。本书以通讯及相关设备制造业上市公司为例进行实证研究，建立如下假设：

假设1：知识资本与企业绩效之间存在正相关关系。知识资

本越高，企业绩效越好；反之，知识资本越低，企业绩效就越差。

(2) 高技术企业人力资本与绩效

在当今组织中，人力资源形成持续的竞争优势。充分胜任的员工通过提升顾客利益、降低产品和服务的成本等来提升组织绩效。同时，优秀的员工能更好处理生产和服务中产生的问题，提高生产和服务效率，降低组织成本。胜任的员工在提高产品和服务质量的同时，也提高了产品的可靠性和顾客的满意度，也为组织带来了灵活性，组织可以随时了解顾客的需求，改进产品，为顾客带来所需的产品和服务。具有高知识水平的员工可以提高工作效率，减少损失，从而降低企业成本和费用。创造性人才是企业产品和服务创新的核心和灵魂，顾客所需是创造之本，提高顾客的利益必然提高组织的绩效。高级管理人员的专业管理知识能够直接节省管理费用或是间接地使管理费用充分发挥。领导者所拥有的丰富的经营管理知识，有利于企业制定合适的目标和战略，使企业少走弯路，减少损失。另外，在同行业中资本与劳动的密集程度相似，这样员工人数的多少可以表示企业的发展规模，企业在发展壮大的过程中，员工利用“干中学”积累了丰富的经验，能产生更高的生产效率。

基于以上分析，本书建立如下假设：

假设2：人力资本与企业绩效之间存在正相关关系。人力资本越高，企业绩效越好；反之，人力资本越低，企业绩效就越差。

假设2.1：员工平均教育程度越高，企业绩效越好；

假设2.2：随着员工能力的增长，企业绩效不断得到提高；

假设2.3：在公平社会收入前提下，高管人员报酬与企业绩效正相关；

假设 2.4：高技术企业达到一定的人员规模后，规模效应促进企业绩效的提高。

（3）高技术企业组织资本与绩效

组织资本在降低企业成本方面有重要意义。正像 Dixon（1992）所描述的那样：主要有三方面导致组织成本的降低，首先，失败的经历被组织进行记录并总结，可以防止错误的重复，从而降低组织成本；其次，以文档形式保存的工艺、经验、流程等显性知识是组织的财富，可以提高知识的利用率并补充，使企业知识逐渐增强；最后，组织建立的重要客户信息档案可以使企业更快更准确地掌握顾客需求，跟踪顾客行为，掌握需求动向，在提高顾客满意度的同时，也带来企业绩效的提高。然而高技术企业要想获得持续的绩效领先水平，必须进行创新，一个企业现有的知识储备常常不足以保证自身能够适应环境的变化，组织学习和建立的新知识储备才是确保企业适应变化的外部环境的关键。企业的创新活动管理，更重要的是对创新中的人力资源管理。Teece 等（1997）深刻地阐述了这一点："如果控制稀缺资源是经济利润的来源，诸如技能获取、知识管理和诀窍以及学习就成为了基本的战略问题。技能获取，学习和组织的无形资产积累，蕴藏着对战略贡献的巨大潜力。"组织学习和知识创造并非被动的灌输知识和技能，而是要通过主动的创新活动来开发新的知识，改进企业的资源和能力基础。专有技能的积累以及人员的创新能力都会影响企业的持续发展和获利。

企业的过程资本安排是否科学合理，将会影响企业运行的效率和员工工作的积极性，进而影响企业生产经营成本。首先，科学合理的组织形式，能够消除各职能部门之间相互割裂、层次重叠、信息不畅等的壁垒，使工作流程能够跨越部门的界限而有效地运作，增强组织内部的横向联系，提高了组织内部沟通效率，实现知识共享，从而提高生产效率，降低生产经营成本；其次，高技术企业在管理方面的投入以及管理效率的高低，取决于组织的流程、管理机构、体系和制度以及执行的有效性，对组织的管理效率进行评估和分析，有效的管理可以提高原材料的利用效率、提高成品率、更快地改进产品工艺和质量、提高技术人员的效率，可以有效地实现组织的目的；最后，对员工有充分的授权，提高员工的配备率及资产管理水平，使员工在工作中享有一定程度的自主权和决策权，这有利于发挥他们的主观能动性和创新精神，提高员工的个人工作绩效，从而提高了劳动生产率，降低了企业生产经营成本。

假设 3：组织资本与高技术企业绩效之间存在正相关关系。组织资本越高，企业绩效越好；反之，组织资本越低，企业绩效就越差。创新资本、过程资本与企业绩效之间都具有正相关关系。

假设 3.1：企业越重视研发活动，重视研发人员投入，企业创新成果越多，企业绩效越好；

假设 3.2：员工平均拥有的商标权和专有技术等技术知识积累对企业绩效有促进作用；

假设 3.3：管理效率的发挥正作用于企业绩效；

假设 3.4：企业组织形式与企业绩效有显著关系，学习型组织有利于企业绩效的实现；

假设 3.5：管理效率越高，加大管理费用的投入，企业绩效越好；

假设 3.6：员工的资产管理水平与企业绩效正相关；

假设 3.7：无形资产比例越大，高技术企业绩效越好；

假设 3.8：员工设备配备率与企业绩效正相关。

（4）高技术企业关系资本与绩效

企业与顾客、供应商、同盟者的良好关系可以更好地解决市场经营中存在的问题，提高产品和服务的效率。与人力资本不同，关系资本是通过提高企业的信息容量和降低信息成本来降低组织成本的。随着企业年龄的增长，企业建立的稳定的客户网络越宽；企业加强与供应商、客户之间的垂直联系，促进信息交流与共享，保持信息渠道的畅通，而且通过关系资本的知识转移可以使组织协调不同的产品技能，形成多种技术流的整合，推出新产品。与利益关系人的交流与合作可以使企业更有效地利用知识溢出效应，帮助企业减少重复劳动，提高企业创新效率，促进企业绩效的提高。企业通过与各关系人的交流与合作，可以提供高质量、更可靠和灵活的产品和服务，在满足客户需求时也提高了企业的利润。从成本效益原则考虑，组织的关系网络越广，在人际关系的沟通上所花费的成本越低，所需的信息费用越低，同时也可以节约协议谈判、拟定和执行的时间、精力和费用，组织的营销效率就越高。

假设 4：关系资本与企业绩效之间存在正相关关系。关系资本越高，企业绩效越好；反之，关系资本越低，企业绩效就越差。

假设 4.1：企业经验对绩效有正向作用，随着年龄增长，影响程度越来越小；

假设 4.2：主供应商采购比例与企业绩效存在正相关关系；

假设 4.3：主要顾客销售比例与企业绩效存在正相关关系；

假设 4.4：销售人员比例与企业绩效正相关；

假设 4.5：沟通效率与企业绩效存在正相关关系。

以上分析了衡量高技术企业知识资本的 17 个变量与企业绩效的理论关系，并提出了相应的理论假设，为了清楚地显示它们的关系，用图 4 - 1 表示。

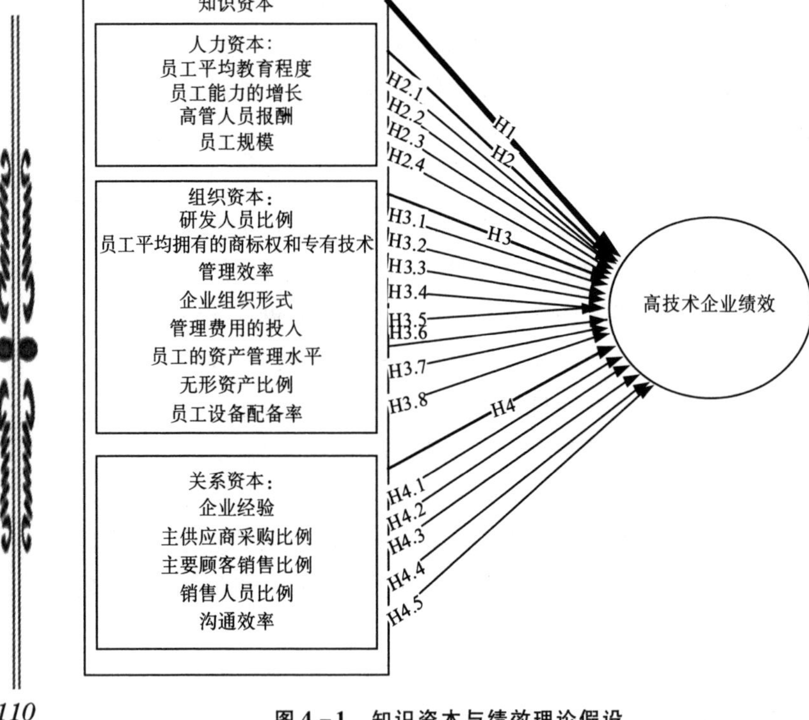

图 4-1 知识资本与绩效理论假设

4.4.4 实证检验与结果分析

(1) 各变量间相关系数分析

表4-8表明通讯及相关设备制造业上市公司知识资本与财务绩效之间存在显著的正相关关系，相关系数为0.522，通过 α =0.01的显著性检验；其中人力资本、创新资本、关系资本与财务绩效之间存在明显的正相关关系，通过 α = 0.01的显著性检验；知识资本各变量之间，人力资本与创新资本之间存在较强的正相关关系，相关系数为0.447，说明企业的创新能力与高管人员管理能力、人员素质是分不开的。

表4-8 通讯及相关设备业上市公司绩效与知识资本的相关系数

		KC	HC	IC	PC	RC	FP
KC	相关系数	1	.550(**)	.440(**)	.144	.529(**)	.522(**)
	显著性水平（双尾）		.000	.000	.190	.000	.000
	样本量	85	85	85	85	85	85
HC	相关系数	.550(**)	1	.447(**)	-.047	.051	.396(**)
	显著性水平（双尾）	.000		.000	.671	.643	.000
	样本量	85	85	85	85	85	85
IC	相关系数	.440(**)	.447(**)	1	-.164	.176	.321(**)
	显著性水平（双尾）	.000	.000		.134	.107	.003
	样本量	85	85	85	85	85	85
PC	相关系数	.144	-.047	-.164	1	-.645(**)	-.077
	显著性水平（双尾）	.190	.671	.134		.000	.485
	样本量	85	85	85	85	85	85
RC	相关系数	.529(**)	.051	.176	-.645(**)	1	.338(**)
	显著性水平（双尾）	.000	.643	.107	.000		.002
	样本量	85	85	85	85	85	85
FP	相关系数	.522(**)	.396(**)	.321(**)	-.077	.338(**)	1
	显著性水平（双尾）	.000	.000	.003	.485	.002	
	样本量	85	85	85	85	85	85

** 在双尾检验 $\alpha = 0.01$ 的显著性水平下相关性显著。

(2) 面板数据回归分析

①知识资本与财务绩效。采用固定效应面板数据回归，利用广义最小二乘法（GLS）对模型加以估计，加权方式为 Cross - section SUR，即允许模型存在截面异方差和同期相关。利用 Eviews5 对模型进行估计，估计结果输出见表 4 - 9。知识资本与财务绩效之间存在明显的正相关关系，且通过 $\alpha = 0.01$ 的显著性检验，$R^2 = 0.848795$，说明整体的拟合性不错，验证了假设 1。该回归的估计模型为 $FP_i = \alpha_i + 0.007721 + 0.738745KC_i$，每一个样本对应不同的截距，表的下半部分给出了不同样本的截距，如中兴通讯的回归方程是：$FP_i = 0.391430 + 0.007721 + 0.738745KC_i$，其他公司的回归方程，在此由于表中数据太多，有些就不再列示了。

表 4 - 9　　知识资本与财务绩效面板数据回归结果

因变量：财务绩效

方法：面板广义最小二乘估计法（横截面加权）

样本：2010—2014

观测数据：5

截面数：17

总面板观测数：85

一步加权矩阵后的线性估计

变量	系数	标准误差	t 统计值	概率
C	0.007721	0.018396	0.419719	0.6760
KC	0.738745	0.091878	8.040463	0.0000
固定效应（横截面）				
_ ZXTS - - C	0.391430			
_ MFF - - C	0.019271			
…	…			

	效应设置		
固定截面（虚拟变量）			
	加权统计		
R^2	0.848795	因变量均值	0.069812
调整后 R^2	0.810429	因变量标准差	0.624817
回归标准误差	0.272043	残差平方和	4.958508
F 统计值	22.12392	Durbin - Watson 统计量	1.812725
概率（F 统计值）	0.000000		

②人力资本、创新资本、过程资本、关系资本与财务绩效。人力资本、创新资本、过程资本、关系资本与财务绩效的回归结果见表 4 - 10，回归方程显示，F = 26.29183，通过 α = 0.01 的整体显著性检验，R^2 = 0.891495，说明回归方程的整体拟合性很好。在各变量系数检验中，创新资本、过程资本、关系资本通过 α = 0.01 的显著性检验，人力资本与财务绩效之间通过了 α = 0.10 的显著性检验，且相关系数为正数，与表 4 - 8 中相关系数分析相符，假设 2，假设 3 和假设 4 得到了验证；有关回归方程表达示如下：

$$FP_{ZXTX} = 0.53359957 + 0.007385856931 + 0.404084801 \times HC + 1.260192819 \times IC + 0.7457457954 \times PC + 0.7019828817 \times RC$$

$$FP_{MFF} = -0.03260102605 + 0.007385856931 + 0.404084801 \times HC + 1.260192819 \times IC + 0.7457457954 \times PC + 0.7019828817 \times RC$$

……

实证结果表明，人力资本、组织资本、关系资本越高，高技术企业的财务绩效越好。从各知识资本与高技术企业绩效的回归系数来看，创新资本对高技术企业绩效影响最大，创新资本每提高 1%，可以带来 1.26% 绩效的提高；过程资本对绩效的影响程

表 4-10　知识资本与财务绩效面板数据回归结果

因变量：财务绩效

方法：面板广义最小二乘估计法（横截面加权）

样本：2010—2014

观测数据：5

截面数：17

总面板观测数：85

一步加权矩阵后的线性估计

变量	系数	标准误差	t 统计值	概率
C	0.007386	0.017868	0.413366	0.6807
HC	0.404085	0.215124	1.878377	0.0649
IC	1.260193	0.428251	2.942648	0.0045
PC	0.745746	0.122022	6.111591	0.0000
RC	0.701983	0.104798	6.698443	0.0000
固定效应（横截面）				
_ZXTS--C	0.533600			
_MFF--C	-0.032601			
效应设置				
固定截面（虚拟变量）				
加权统计				
R^2	0.891495	因变量均值		0.096654
调整后 R^2	0.857588	因变量标准差		0.711246
回归标准误差	0.268407	残差平方和		4.610702
F 统计值	26.29183	Durbin-Watson 统计量		1.794242
概率（F 统计值）	0.000000			

度其次，回归系数为 0.745746；随后为高技术企业的关系资本，回归系数为 0.701983；单独的人力资本对高技术企业绩效的影响程度最弱，回归系数为 0.404085。研究结论与我国高技术企

业知识资本的实际情况相符。前面理论分析了人力资本、组织资本、关系资本三者的互动关系，人力资源是三类知识资本中的核心力量，高技术企业有创新才能发展，而创新离不开高素质的人才，研发的投入更需要高技能高学历的人才，当员工受到充分的激励和引导，个体知识和组织的体系知识相融合，才能将个体的创新潜能激发出来，组织的创新资本形成企业的核心竞争力，成为影响企业绩效最重要的资本；过程资本中的组织结构、规范的管理系统、企业文化等与企业人力资源管理效率紧密相关。人力资源经过整合成组织资本是一个复杂的过程，成功的关键取决于企业独立的组织环境、高层人员的参与和解决问题的能力、管理效率、员工培训和必备的技术储备等。企业内部规范化的运作与管理，有利于企业集中优势进行产品的投资、开发与拓展，促进销售业绩的增长。组织资本是企业最稳定的资本，也是企业价值实现的基础条件，因此对企业价值贡献最大。关系资本是企业与利益相关者之间形成的一种相互信赖的关系，要借助于人力资源效能的发挥，对企业绩效的作用其次。人力资本对企业绩效的直接作用相对最弱，因为人力资本的所有者是员工个人，并不能独立地发挥作用，其价值实现更依赖于组织资本和关系资本。

各知识资本要素也是一个综合指标，为了更有效地知识管理，需要对人力资本、组织资本和关系资本的相关变量与绩效的关系做进一步的分析。

③人力资本各变量与财务绩效。对 17 家 5 年的样本数据进行检验，人力资本各变量与财务绩效相关系数如表 4 – 11 所示。

结论一：可以看出通讯及相关设备制造业高技术上市公司工资增长率与企业绩效正相关，且相关性显著，验证了假设 2. 2；员工平均教育水平与企业绩效通过 $\alpha = 0.01$ 的显著性检验，且具有正相关关系，验证了假设 2. 1。本次实证结果说明员工的教育水平和员工技能的提升能带动企业绩效的提高。

表 4-11　　　人力资本与财务绩效相关系数

		财务绩效 FP	员工平均教育程度 K1	工资增长率 K2	高管人员报酬 K3	规模 K4
财务绩效 FP	相关系数	1	0.358（**）	0.231（*）	0.180	0.124
	显著性水平（双尾）		0.001	0.033	0.106	0.255

** 在双尾检验 $\alpha=0.01$ 的显著性水平下相关性显著；* 在双尾检验 $\alpha=0.05$ 的显著性水平下相关性显著。

结论二：整体样本中高管人员报酬与企业绩效没有显著的关系。高管人员的报酬在我国可能会受多种因素影响，比如企业的所有者形式、企业所在城市整体的工资水平、企业长期发展战略等因素，在一定程度上报酬与管理者的能力存在脱节现象，这也是本次实证与国外一些学者结论不同的解释。

在整体样本中高管人员报酬与财务绩效之间没有显著的相关性关系。考虑通讯设备制造业高技术上市的所有制形式，按其控股股东的性质，将其分为国有法人控股股东和其他（其他法人及个人）控股股东，分两组样本展开深入研究，有关描述性统计见表 4-12。国有法人股控股的上市公司前三位高管人员报酬明显高于其他股东控股的上市公司，从 2010 年至 2014 年五年期间高管人员的报酬基本上保持逐年上涨的趋势。

表 4-12　　　前三位高管人员报酬描述性统计

控股股东	样本数	前三位高管报酬样本平均值（万元）				
		2014 年	2013 年	2012 年	2011 年	2010 年
国有法人控股	11	108.7518	101.2418	83.3663	94.8491	78.7073
其他	6	66.8333	61.975	69.72	50.33	42.13167

以控股股东的性质为控制变量将上市公司样本分成两组，为了满足统计分析的样本量，以 5 年的数据综合在一起进行实证分析，高管人员报酬和财务绩效的相关系数检验及回归分析结果如表 4 - 13 和表 4 - 14。相关系数分析表示国有法人控股上市公司高管人员报酬和财务绩效的相关系数为 0.5258，且通过 $\alpha = 0.01$ 的显著性检验；作进一步的回归分析，从整体回归结果上看 $R^2 = 0.2764$，$F = 20.2479$，且通过 $\alpha = 0.01$ 的整体显著性检验，回归方程表示成：$FP = -0.266440294 + 0.003336077K_3$，相关系数为正，且通过 $\alpha = 0.01$ 的显著性检验；研究表明国有法人控股的通讯及相关设备制造业上市公司高管人员报酬与财务绩效之间存在显著的正相关关系。再来看其他法人和个人控股的上市公司，从相关系数和最终回归结果变量系数看，高管人员报酬与财务绩效之间存在负相关关系，虽然通过了 $\alpha = 0.1$ 的显著性检验，但结果与事实不符，这可能是受到了样本量的限制。研究结果也显示了社会收入的不公平，一定程度上抑制了其他法人和个人控股的上市公司高管人员的积极性，造成了企业绩效与高级管理人员报酬相脱节，影响了管理效能的发挥。

表 4 - 13　　相关系数及检验

控股股东的性质	前三位高管人员报酬与财务绩效的相关系数	
国有法人控股	相关系数	0.525765873
	显著性水平（双尾）	3.75396E - 05
	样本量	55
其他	相关系数	- 0.344271812
	显著性水平（双尾）	0.062470983
	样本量	30

表 4-14　前三位高管人员报酬与财务绩效的回归分析

控股股东的性质	变量及截距	系数	标准误差	t Stat	P-value
国有法人控股	Intercept	-0.266440294	0.087491937	-3.045312547	0.003616193
	X Variable 1	0.003336077	0.000741389	4.499766497	3.75396E-05
	R^2 = 0.2764, Adiusted R^2 = 0.2628; F = 20.2479, Significance F = 3.75E-05				
其他	Intercept	0.122266997	0.131196049	0.931941154	0.359334
	X Variable 1	-0.003750498	0.00193292	-1.940327364	0.062471
	R^2 = 0.118523, Adiusted R^2 = 0.08704; F = 3.76487, Significance F = 0.062471				

综合以上分析，在控制了控股股东性质后，国有法人控股通讯及相关设备制造业高技术上市公司高管人员报酬和财务绩效有显著的正相关关系，验证了假设 2.3。

对高管人员报酬做进一步的分析，按照信息不对称理论，股东为了管理和激励管理者，必须设计一个有效的薪酬分配方案。高管人员薪酬应该与企业绩效相匹配，在同行业内形成公平的社会分配机制，从政策监管上不妨规定一个薪酬的上限，或对高额收入提高税收比例等约束政策，防止因企业所有制性质不同导致的薪酬差异；从高管人员报酬构成上可以采用股权激励的方法、工资加奖金或年薪制形式，使高管人员的报酬与企业的绩效挂钩，激励高管人员的能动性，使个人价值的实现与企业目标同步。在此可以把高管人员报酬分为现金报酬和股权报酬，前者也称为短期薪酬，后者称为长期薪酬。从两者发挥的作用来比较，若公司薪酬计划过多的是于本期经营绩效挂钩，高管人员就会进行盈余管理，突出本期业绩，即短期绩效。一些公司从事环境保护，关注公益事业，维护社区建设，前期的成本支出是为了以后获得更好地社会声誉，增进公司在社会公众的形象，提高股价，因此，公司实行股权激励，股东的利益就和公司的长远利益相一致，高管人员会为了公司的战略发展兼顾各利益相关者的利益，寻求长期绩效最大化。

前面对前三位高管人员报酬与财务绩效的回归分析结果显示了短期薪酬与财务绩效之间的正相关关系，从 2010 ~ 2014 年前三位高管人员报酬之和呈逐年上升趋势，但不同企业之间薪酬差距较大。对比分析该薪酬占年营业收入的比重，不同企业差距很大，均值为 0. 000475，最大值为 0. 0797，而最小值为 0. 00000239，样本标准差为 0. 000768。在接下来的研究中以年报中披露的高管人员持股比例来度量长期薪酬，研究长期薪酬对企业财务绩效的影响。如果公司高管的薪酬机制更关注于股权激励，则高管就有动力积极参与环境保护、社会公益等活动，创造良好社会声誉，带来股价的提升，更关注公司长期绩效的发展。基于以上分析，提出进一步假设：

高管人员长期薪酬与财务绩效正相关，且长期薪酬对财务绩效的影响更大。公司应通过实施股权激励进一步完善公司的薪酬激励体系。

实证分析高管人员长期薪酬与财务绩效相关系数为 0. 097，双尾检验的显著性水平为 0. 133 没能通过 $\alpha = 0.01$ 的显著性检验，说明高管人员长期薪酬与财务绩效之间并没有呈现出显著的相关关系。那么长期薪酬对财务绩效之间是否存在滞后影响呢？本着这样的设想，继续进行了实证检验，为了验证滞后性，补充了 2015 年和 2016 年 11 家国有法人控股公司财务绩效的数据，检验结果如表 4 – 15。

表 4-15　　高管人员长期薪酬与财务绩效滞后性回归结果

滞后 1 年方差分析

	自由度	方差	均方差	F	Significance F
回归分析	1	0. 012924	0. 012924	2. 384162	0. 124912
残差	54	0. 731804	0. 005421		
总计	55	0. 744728			
	系数	标准误差	t Stat	P - value	
常数	0. 053061389	0. 00635	8. 356522	6. 95E - 14	
长期薪酬	0. 012045668	0. 007801	1. 544073	0. 124912	

滞后 2 年方差分析

	自由度	方差	均方差	F	Significance F
回归分析	1	0. 012924	0. 012924	2. 384162	0. 124912
残差	54	0. 731804	0. 005421		
总计	55	0. 744728			
	系数	标准误差	t Stat	P - value	
常数	0. 053061389	0. 00635	8. 356522	6. 95E - 14	
长期薪酬	0. 012045668	0. 007801	1. 544073	0. 124912	

滞后 3 年方差分析

	自由度	方差	均方差	F	Significance F
回归分析	1	0. 017739	0. 017739	3. 140253	0. 079428
残差	43	0. 564905	0. 005649		
总计	44	0. 582645			
	系数	标准误差	t Stat	P - value	
常数	0. 055744342	0. 007516	7. 416882	3. 98E - 11	
长期薪酬	0. 014337441	0. 008091	1. 772076	0. 079428	

滞后 4 年方差分析

	自由度	方差	均方差	F	Significance F
回归分析	1	0. 005286	0. 005286	0. 86127	0. 356765
残差	32	0. 405103	0. 006138		
总计	33	0. 41039			
	系数	标准误差	t Stat	P - value	
常数	0. 056559987	0. 009607	5. 887067	1. 45E - 07	
长期薪酬	0. 007961726	0. 008579	0. 928047	0. 356765	

从高管长期薪酬与财务绩效的回归分析可以清楚地看到，长期薪酬激励的有效滞后期为 3 年，且长期薪酬与财务绩效呈显著的正相关关系，回归方程 Significance F = 0.079428，相关系数 P - value = 0.079428，回归方程和相关系数均通过 的显著性检验。而长期薪酬激励 1，2 年的短期滞后并没有给财务绩效带来显著的影响，较长时间的滞后影响也不明显，说明长期薪酬对高管成员的激励效应在 3 年后达到最好的效果。

结论三：从样本整体看企业人员规模对绩效没有显著影响。本实证中所选取的通信及相关设备制造业上市公司全部是以通讯技术、网络技术服务、数据网络为主营业务的公司，在人员投入上主要以高素质高技能的人员为主，需要具备一定的人员规模，才能在企业内部形成合理分工，技术共享和互补，充分利用组织内部的协作，作用于企业绩效。对样本做进一步的分类，来实证规模效应。按照企业员工人数将样本分成两组，一组为小规模企业（员工人数小于 2000 人），一组为大规模企业（员工人数大于 2000 人），分两组对规模与绩效的关系进行回归分析，结果见表 4 - 16。研究表明大规模样本中企业规模与财务绩效之间存在显著的正相关关系，而小规模企业中企业规模与财务绩效之间不存在显著的线性相关关系。这就证实了假设 2.4。说明我国电子通讯设备制造业上市公司中一些规模较小的企业没有产生规模经济效应，为了提高其在同行业中的实力，应加快规模发展速度。

（4）组织资本各变量与财务绩效。组织资本各变量与绩效的相关系数如表 4 - 17 所示，组织资本中研发人员的比例、管理效率、管理费用的投入、员工的资产管理水平、员工设备配备率与绩效之间有显著的正相关关系，假设 3.1，3.3，3.5，3.6，3.8 得到了验证，这说明，重视研发人员的投入能提高企业的技术创新效率，提高产品的性能和质量，增强市场的竞争力，进而

表 4－16　　企业规模与财务绩效的回归分析

企业员工人数	变量及截距	系数	标准误差	t Stat	P－value
<2000 人	Intercept	0.031438	0.089236	0.352305	0.726185
	企业规模	－0.00012	9.12E－05	－1.29235	0.202555
	n＝49，R^2＝0.034316，Adiusted R^2＝0.013769；F＝1.670161，Significance F＝0.202555				
>2000 人	Intercept	－0.07387	0.099649	－0.74126	0.463626
	企业规模	2.07E－05	7.62E－06	2.721328	0.010177
	n＝36，R^2＝0.178856，Adiusted R^2＝0.1547；F＝7.405627，Significance F＝0.010177				

表 4－17　　组织资本与绩效相关系数

		财务绩效 FP	研发人员比例 K5	员工平均拥有的商标权及专有技术 K6	管理效率 K7	组织形式 K8	管理费用的投入 K9	员工的资产管理水平 K10	无形资产比例 K11	员工设备配备率 K12
FP	相关系数	1	0.501（**）	0.208	0.475（**）	0.192	0.483（*）	0.274（*）	0.0071	0.248（*）
	Sig.		0.000	0.056	0.000	0.079	0.049	0.011	0.507	0.022

** 在双尾检验 α ＝ 0.01 的显著性水平下相关性显著。

* 在双尾检验 α ＝ 0.05 的显著性水平下相关性显著。

提高绩效；管理成本的投入与高效的管理水平能促进企业绩效的提高；员工的资产管理水平及员工设备配备率表明员工的工作能力和工作环境，充分胜任的员工在良好的工作环境中可以引发工作的积极性，而且节约人工成本。人力资源自身所具有的不依组织而存在的知识、技能和能力被称为人力资本，但人力资源依附于特定组织结构、组织环境发挥的效能就形成了组织资本的一部分，可以看到人力资源通过组织资本发挥的作用是不容忽视的。和理论分析有差异的是员工平均拥有的商标权和专有技术以及无形资产的比例对企业绩效没有发挥明显的作用，假设 3.2 和 3.7 没有通过验证，并不是理论分析与实际的经济现象相脱节，而是因为在我国的会计报表上无形资产的概念是指企业拥有或可控制的没有实物形态的可辨认的非货币性资产，其中包括商标权、专利权、专有技术、特许权、著作权、土地使用权，而土地使用权并不能作为技术发挥作用。现在上市公司都是多元化经营，有些从事房地产开发，这样土地使用权在无形资产中的比重将会增大，这是造成无形资产比例与高技术企业绩效关联性不大的主要原因；商标权及专有技术只是企业技术核心能力的一部分，因为有很多情况自行开发的无形资产不能入账，列为了费用，衡量企业技术投资的一个重要指标是每年的科研经费投入，在报表中并没有要求必须披露，找不到相应的统计值，而忽略了、影响了组织资本的测量准确性。本次实证中组织形式（用总人数与管理人员之比表示）与企业绩效的相关性没有通过显著性检验，也就是说假设 3.4 组织形式并没有与企业绩效有显著的关系。扁平式的组织结构可以使员工间更方便地沟通，知识在组织内部合理流动，知识的共享促进知识的创新速度，但是只衡量管理幅度是不够的，企业组织之间还应该有跨部门的科研团队、学习小组等不同领域专家的交流和协作，这对构建学习型组织是非常重要的。而这一指标由于信息获取的难度而忽略了，因此假设 3.4 没有得以验证。

（5）关系资本各变量与财务绩效。关系资本与绩效之间的相关系数见表 4 – 18，主要客户销售比例、沟通效率（用单位营业费用收入额表示）与企业绩效正相关，说明稳定的大单顾客可以减少企业产品宣传的营销费用，提高单位营业费用收入额，稳定的顾客可以提高企业的关系资本；企业在销售人员的投入和企业经验上没有优势，销售人员比例的增大并不一定能产生更多的客户和增强市场占有率，随着销售途径的日益扩大，网络技术的应用，营销手段策略多种多样，人员投入与市场占有率并不成正比，相反有优势的高科技营销手段、产品技术含量、稳定的信誉会决定其市场份额及利益，而这些都要依赖企业的人力资本的投资和企业对创新的投入；实证中所选样本都是上市时间在5年以上的企业，运作成熟，顾客对企业的信任度已经形成，因此在企业的成熟期，企业年龄逐步增长，对顾客及潜在顾客并不产生较大的影响，这也就部分地验证了假设4.1；企业与供应商在长期的合作中结成相互支持的战略伙伴，供应商可以协助企业改善流程、优化工艺，以期降低成本、提高效率，然而本次实证中表明主供应商采购比例没有与绩效形成显著关系，说明原料来源并不影响产品的性能和销售，随着知识与技术的日益普及，原料间的差异将越来越小，从另一个角度分析产生这一结果的原因也可能是前5名供应商年度采购额这一指标并不能很好衡量企业与供应商之间的关系紧密程度，如果采用固定供应商数量这一指标也许能够更好地反映两者之间的关系。

表4-18　　关系资本各变量与绩效相关系数

		财务绩效 FP	企业经验 k13	主供应商采购比例 k14	主要客户销售比例 k15	销售人员比例 k16	沟通效率 k17
FP	相关系数	1	0.151	-0.115	0.235 (*)	0.008	0.366 (**)
	Sig. (2-tailed)		0.152	0.295	0.030	0.940	0.001

** 在双尾检验 $\alpha = 0.01$ 的显著性水平下相关性显著。

* 在双尾检验 $\alpha = 0.05$ 的显著性水平下相关性显著。

综合以上分析，知识资本管理是一个复杂的系统，成功的关键还取决于必备的组织环境、高层管理者的决心及参与、员工培训、研发投入等必需的基础技术条件，企业对知识资本的评估应紧密结合企业的绩效，从中找出知识资本控制或投资薄弱的环节，与同行业进行比较，寻求知识管理的侧重点，也就是与企业绩效关系越密切的指标越值得企业重点跟踪和改进，知识资本管理的最终目的是为企业价值的实现而服务。

4.5　本章小结

本章首先分析了高技术企业知识资本的确认。指出以股票价格为基础计算企业的市场价值，从而倒挤知识资本价值的方法存在明显的缺陷，隐藏价值并不能全部代表知识资本，因此，需要考虑企业内部一些非财务指标，对上市公司的知识资本进行分类和评估。

其次，对高技术企业的知识资本进行分类，共分为三大类：人力资本，指企业员工所具有的教育水平、技能、知识和经验和管理人员能力等；组织资本，结合高技术企业的特点突出其创新性，将组织资本分为两部分，一是创新资本，反映企业创新投入和能力；二是过程资本，指不依附于企业人力资源而存在的组织的其他所有能力，包括工作程序、特殊方法，以及为扩大并加强制造或服务效率的员工计划，为一种连续性价值创造的实用知识；关系资本，指影响相互信赖的规范、价值、观点和信念，主要指企业与供应商、客户、政府机构及其他组织、个人之间的社会信任。在概念分类的基础上，建立高技术企业知识资本的指标体系。以我国通讯及相关设备制造业上市公司为例，对 2010 ~

2014 年上市公司的知识资本进行计算，计量方法采用因子分析方法，样本得分代表了知识资本的相对大小。

最后，对高技术企业知识资本与绩效之间的关系进行研究。采用计量经济学模型——面板数据回归分析方法，对变量进行设定，建立需要验证的应用模型；对知识资本，包括人力资本、组织资本、关系资本与绩效之间的关系进行理论分析并提出相应的理论假说；以我国通讯及相关设备制造业上市公司为例，分别验证知识资本总体与绩效的关系，人力资本、创新资本、过程资本、关系资本与绩效的关系，研究结论为知识资本对高技术企业的绩效有显著的正向作用，其中创新资本的作用最大，过程资本其次，然后是关系资本，人力资本对企业绩效的直接作用最弱。本章对人力资本、组织资本、关系资本的构成变量对企业绩效的影响关系作了进一步的说明和解释。通过对知识资本各变量与企业绩效之间关系分析，说明建立的知识资本评价体系是有效的，因为只有建立知识资本与企业目标之间的因果关系，才能找出知识资本管理的出发点和值得重点关注的对象，管理更有意义。

第 5 章 区域知识溢出与高技术企业绩效关系研究

5.1　区域知识水平计算

近年来，一些学者和机构致力研究区域知识水平的测算和度量，但由于难度很大，虽然取得了一些进展，但至今没有形成准确的、得到广泛认同的方法。开展这类研究的国家或机构多见于经济合作与发展组织（OECD）成员国，在这一领域有见地的研究成果也首推 OECD。他们对知识存量的测度主要通过 R&D、专利和科技文献等科技指标来衡量。

经济合作与发展组织（OECD）2002 年发布了《科学、技术和产业计分表》（《Science, Technology and Industry Scoreboard》（STIS）），为了精确度量知识和技术发展对经济发展的影响，制定了一套测度知识经济的简明且数据易于获取的系统指标，即 STIS 指标系统[133]。主要指标包括：总体经济形势、知识经济进程、R&D 投入、企业研发与创新、全球化程度、国际贸易、外国直接投资、技术密集型产品出口值等，该指标体系具体分为三部分：知识对经济发展影响的指标；知识对经济全球化和科技国际化影响的指标；知识对经济增长与国际竞争力影响的指标。

瑞士洛桑国际管理开发研究院（IMD）自 1986 年起每年发表一期《世界竞争力年鉴》World Competitiveness Yearbook（WCY）（又称《洛桑年鉴》），对有关国家和地区的国际竞争力进行分析评价，并排出名次[134]。虽然该年鉴主要用于评价国际竞争力，但其对科技要素的评价体系能较好地反映科技水平和创新能力，指标体系包括：科技投入指标、科技产出指标、技术创新指标。

联合国教科文组织（UNESCO）在 1978 年和 1984 年分别发布了用于统计和评价科学技术活动的《科学技术活动统计手册》（Manual for Statistics on Scientific and Technological Activities（MSSTA）），该手册中将科技活动划分为研究与开发（R&D）、科技教育与培训和科技服务三个组成部分[135]。UNESCO 在科技指标工作上的一个重要特点是较早注意到科技统计与一般社会经济统计的协调，这使得该指标的实用性较强。

OECD 的奥斯陆手册（Oslo）从统计的角度对技术创新（产品创新和工艺创新）进行了界定，为制造业领域的技术创新统计制定了技术规范，其主要内容有创新过程模型、创新费用的测度、创新调查的分类、调查步骤[136]。

美国《科学与工程索引》（ASEI）提出了美国国家科学与技术研究机构及企业在相关学科研究领域的研发质量、科研活动的定量指标体系，该指标体系主要包括：美国和国际R&D经费、科学和工程劳动力、科学家和工程师的大学教育、初、中等教育、大学研究与开发、产业研究和开发、技术创新、公众对研发的态度、新兴技术及对社会发展的影响等[136]。

除此之外还有主要科学技术指标（MSTI），亚太经合组织（APEC）的知识经济状态指数（KSI），中国科技部的中国科学技术指标（2008）等。

作为权威的科技创新统计指标和方法，以上的指标体系在国际上有较大的影响，一直被世界各国统计部门作为收集、分类科技统计数据的依据和指南。我国科技部的统计中心也基本依据这些方法和指标对我国科技水平、创新投入、创新产出及知识经济进行统计和评价。本论文对知识存量的度量也采用OECD的方法，利用科技指标间接地反映知识存量，将指标划分为两种类型，一种是反映创新投入的指标，另一种是反映创新产出的指标。主要指标的选取以我国科技部统计资料《高技术产业统计年鉴》中反映高技术产业和企业的指标，构建用于测算我国各地区知识水平的指标体系。具体指标如表5-1所示。

表5-1　区域知识水平的测度体系

指标类型	具体指标	指标来源与出处
创新投入	每万人研发活动人员折合全时当量	STIS/WCY/中国科学技术指标/ASEI
	每万人研发经费内部支出	STIS/WCY/EIS/ASTI/MSTI/MSSTA/中国科学技术指标
	每万人拥有该行业科技活动人员数	STIS/EIS/ASTI/中国科学技术指标
	每万人拥有该行业科技活动经费筹集额	EIS/ASTI/MSTI/中国科学技术指标
	每万人新产品开发经费支出	中国科学技术指标
	科技机构数	中国科学技术指标

续表

指标类型	具体指标	指标来源与出处
创新产出	每万人新产品产值 每万人新产品销售收入 每万人拥有该行业的专利申请数 每万人拥有的发明专利数	中国科学技术指标 WCY/EIS/ASTI/MSTI/中国科学技术指标 STIS/EIS/ASTI/MSTI/MSSTA/中国科技指标 STIS/WCY/Oslo/EIS/中国科学技术指标/ASTI/MSTI/MSSTA

5.2 区域知识水平对微观企业知识溢出强度的影响因素

对知识溢出相关文献的研究发现，知识溢出研究大都集中在区域与区域之间、产业与产业之间、企业与企业之间的知识溢出水平上，而区域知识对区域内部微观个体的溢出研究模型及实证很少，而且都不能反映出区域知识对微观个体的溢出特点；经济增长领域各学者对区域间的知识溢出模型研究较丰富而且模型中各参数的设置更为合理。因此，本章将以微观个体知识溢出的影响因素为基础，构建区域知识对微观个体的知识溢出概念模型。然后，以此概念模型为依据，对研究宏观区域层面的 M. C. J. Caniëls 空间知识溢出蜂巢模型进行修正，构建用于分析区域与企业间知识溢出的数学模型。最后，对此模型进行扩展和动态分析。

5.2.1 微观企业的知识学习能力

吸收能力（Absorptive Capacity）这个概念最早是 Cohen & Levinthal（1990）在分析企业研发作用时提出的[70]。知识的生产具有很强的自我累积性和路径依赖特点，因为任何新知识都是在已有知识的基础上开发出来的，较多的知识存量意味着具有较强的研发能力去开发出更多的新知识，企业研发投入增强了企业对外来知识的吸收、学习和模仿的能力，使得企业拥有更强的技术能力去吸收外部知识溢出。Abramovitz（1986）的“社会能力学说”也支持这个观点，吸收能力越强，溢出效应越大越快[137]。吸收能力指的是将新知识纳入企业知识库之中，并能加以有效利用的能力。本着理论性强和可操作性特点，Kim和Dahlman（1992）的对吸收能力的衡量：吸收能力是一系列技能的集合，包括将隐性知识显性化和外部技术内部化的能力[138]。主要从三个方面对吸收能力进行衡量：个人的技能水平；有经验的研发人员占员工人数的比重；研发费用。

在此基础上，吸收能力进一步被分为企业的学习能力和创新能力。学习能力主要由个人的技能水平来反映，教育水平、经验和技能在内的人力资本属性，特别是高层管理者这类人力资本的特性显著影响企业的学习能力；创新能力取决于企业在创新人员和专有技术上的投入。

学习能力主要受企业人员的教育素质影响，人员受教育水平影响到企业对复杂知识的理解，随着教育水平的增高，企业对缄默知识的解释能力将增加，即知识的复杂程度减小，企业吸收区域知识溢出的强度会增强。同时学习机制也影响组织的学习能力，构建良好的学习型组织是新知识理解和转换的有效条件。将新知识引进组织内，并不代表组织就能有效率地进行扩散与学习吸收。知识在组织内部的扩散与组织文化、价值观、沟通机制密切相关。如果新知识不能符合组织的价值观或利益，往往也会很难转移、扩散或被利用。

5.2.2　微观企业的创新效率

企业吸收该区域的先进技术，要将技术转换成生产力，需要一定的时间和条件。这就体现了知识吸收能力与产出之间的时间滞后性，创新效率的高低对企业实际吸收知识并转化为生产力具有重要影响。创新效率取决于企业关键管理人员对研发的态度。企业越重视研发人员和专有技术的投入，说明企业对自主创新或模仿创新的意愿越强，创新速度越快。Griffith，Redding 和 Van Reneen（2003）证实研发投入有两面性，一方面投入不仅可以提高企业人力资本的技能水平，另一方面也提升吸收外部知识的能力[139]。当企业进行研发投资时，企业才能够将学习的外部知识进行转化，创新效率是研发投入的增函数，即研发投入越大企业的创新效率越高；企业吸收新知识的目的是能将其转化为自身的知识资本，并提高企业的经营绩效。所以在模仿创新和自主创新上企业多会在成本与效益间衡量利弊。自主研发成本高且具有很高的溢出效应，显然许多企业并不希望投入过多这类研发活动，一些小企业很多情况下会选择模仿创新，不过一些大型企业仍会将一定比例的研发资源投入于基础研究，其主要目的在于提高企业的知识能力水平，以使企业成员能够快速吸收最先进的知识和技术，还有助于企业重大创新成果的产出。随着企业所处的环境变化加速，新技术与新产品出现的频率不断提高，企业对于新知识的需求动机也不断增强，因此企业将会投入比较多的资源来提高知识的吸收能力。

一个企业要将其吸收的知识一时全部运用是不可能的，这是因为知识产出的时滞性，企业的创新效率受组织内部沟通和信任、企业内部的创新氛围所影响。

5.2.3 微观企业与区域知识存量差距

知识存量在研究中多采用技术指标来衡量，因此知识存量差距一般用技术差距来体现，从宏观层次上看，技术差距指科学技术水平在世界范围内所形成的差别，是科学技术在基础研究、应用研究和开发研究中的差别的总和。从微观视角看，技术差距指不同的技术承担者在同一技术的最高技术水平上的差距。

从微观企业与其所在区域的技术差距上看，知识存量差距可以概括为与本企业不同的知识都会形成知识势差，微观个体的知识存量在所在区域知识存量中只占有相当少的比例，因此，在统计计算中可以忽略微观个体自身对区域知识存量的影响，用区域知识存量水平代替企业与区域的知识势差。区域的知识水平越高，说明企业可以吸收新知识的信息量越多。

假设企业与区域之间的知识存量差距为 G，知识溢出为 S_r，则知识溢出与知识存量差距 G 之间的关系可以用图 5－1 来表示。一般认为当知识存量差距较小时，随着差距的增加，知识溢出也将增强；但是当知识存量差距超过一定值后，知识溢出将会随着差距的增加而下降。这是因为在知识存量差距较小时，企业具备吸收和消化对方新知识或新技术的能力，但是这种能力会因为知识差距的增加而变弱，因此，随着差距的增加，知识溢出的增量越来越小；而当知识存量差距达到或超过某一值时，知识溢出会因知识接受方逐渐丧失吸收、消化和转化对方新知识和新技术的能力而逐渐下降，直至为零。

微观企业与区域知识存量的差距，在前面的分析中忽视了微观个体的知识水平，用整个区域平均知识存量来代替，因此，

（1）在同一区域内部，不同企业与区域的知识存量差距是相同的，各企业所接受的区域知识溢出主要取决于企业自身的学

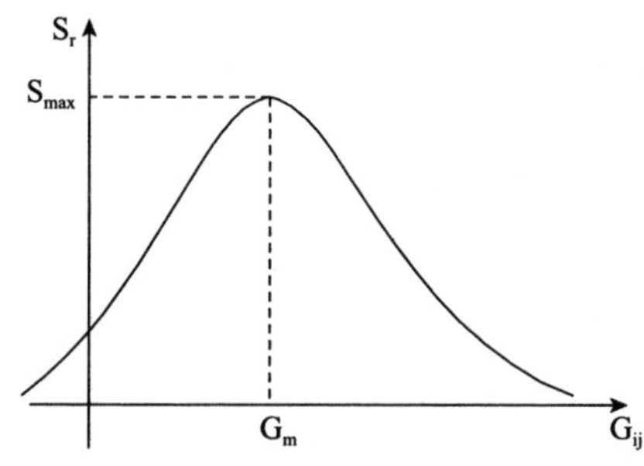

图 5-1　知识溢出 S_r 与知识存量差距 G 的函数图

习能力和个体的创新能力；

（2）不同区域的知识存量是不同的，对于处于不同区域的企业，他们接受的知识溢出水平则受企业学习能力、创新能力和知识存量差距的影响。

5.2.4　溢出距离

距离一直是众多学者分析和研究知识溢出的重点。新经济地理学、空间集聚理论、以及新增长理论（内生增长理论）在分析知识溢出时，都把距离作为知识溢出的分析重点。由于本书分析的是企业与其所在区域之间的知识溢出，企业存在区域内部、企业与区域内部其他企业之间的联系和交往紧密，电话、网络等即时通讯工具越来越发达，企业之间的地理距离对知识溢出的影响很小。因此地理距离可以近似地认为不存在。也就是说在分析微观企业与其所在区域之间的知识溢出时，因企业所处地理位置不同造成的随着地理距离增加产生的衰减可以忽略不计。

对溢出距离可以用行业距离来表示，行业距离是指由于企业所处行业不同或上下游差距，而形成的在业务关联性、知识可通用性、技术专用性、专业技术人员之间的可流动性等方面的差别。处于同一产业链中的企业之间可通过业务交往、物流、市场行为、人员流动等正式或非正式的渠道获得知识溢出；处于同行业的企业之间由于相似的技术、专业人员的流动、缄默知识的相对减少，知识易于消化吸收，溢出效应明显；而处于不同行业或产业链中的企业由于缺少共同的市场，几乎没有业务联系，专业人才之间也很少流动或交流，因此获得知识溢出的机会要少得多。与 M. C. J. Caniëls 的对地理距离的假设类似，当企业之间的行业距离增大时，企业之间的知识溢出效应将会由于知识的专业性增强，以及知识受体所具有的与之相关的知识存量的减少使得知识无法被理解或吸收，直接导致企业获得的知识溢出减少。企业在接受区域知识溢出时，会由于行业或者产业差距的存在，而使得知识溢出衰减。随着行业相关性的减弱，行业或产业距离越来越大，但不会无限大，这是因为即便是完全不相关的企业，它们之间可能在某些方面（如管理经验）仍存在着知识溢出，虽然它们之间的知识溢出非常小，但总是存在。

5.3　区域知识水平对微观企业的溢出模型

5.3.1　M. C. J. Caniëls 空间知识溢出蜂巢模型原理

凯尼尔斯（M. C. J. Caniëls）通过引入 Arrow 的“干中学”概念，将干中学效应（Verdoorn effect）纳入区域知识溢出研究范围，对伯特·弗森伯格的模型进行了修正，构建出基于六边形区域的空间知识溢出蜂巢模型。之所以称为蜂巢模型是因为，该模型在 Bart Verspagen 的基础上引入了空间距离变量，并把每个区域看成是等边六角形，区域和区域之间无缝连接。每两个相邻六角形中心之间的距离都为一个固定值1。

凯尼尔斯在其空间知识溢出蜂巢模型中，将“干中学”引入到区域知识的生产和创新方面，认为区域知识生产和创新来源于“干中学”、获取周边区域的知识溢出（S_i）、外生增长率（ρ_i）三方面因素。由此，得到如下等式：

$$\frac{K'_i}{K_i} = \alpha(\lambda \frac{Q'_i}{Q_i} + S_i + \rho_i)$$

其中：K'_i，Q'_i 分别表示企业的产出水平和知识存量对时间 t 的导数，K_i 为区域 i 的知识存量；Q_i 表示区域 i 产出水平；α 指由于上述三方面因素导致的知识存量增长系数；λ 指干中学效应（Verdoorn effect）影响强度。然后，根据伯特·弗森伯格（Bart Verspagen）知识溢出模型，建立假定条件：

（a）区域的产出水平与区域的知识存量水平正相关；

（b）知识创新受到干中学、获取知识溢出和外生增长率三方面因素的影响；

（c）区域间知识差距是形成区域间知识溢出的主要原因；

（d）假设区域间地理距离越大，区域之间的知识溢出效应越小；

（e）假设区域为无缝联结等半径六角蜂巢形状。

得到区域 i 接受其他区域的知识溢出效应公式及有关变量解释图5-2。

$$G_{ij} = \ln \frac{K_i}{K_j}$$

其中：S_i 为 i 区接受 j 区知识溢出；δ_i 为 i 区学习能力；G_{ij} 为两区域间知识存量的商的对数，表示知识存量差距；γ_{ij} 为区域 i 与 j 区的地理距离；μ_i 为技术追赶系数，是指两区域间技术追赶实现情况下的知识存量差距。

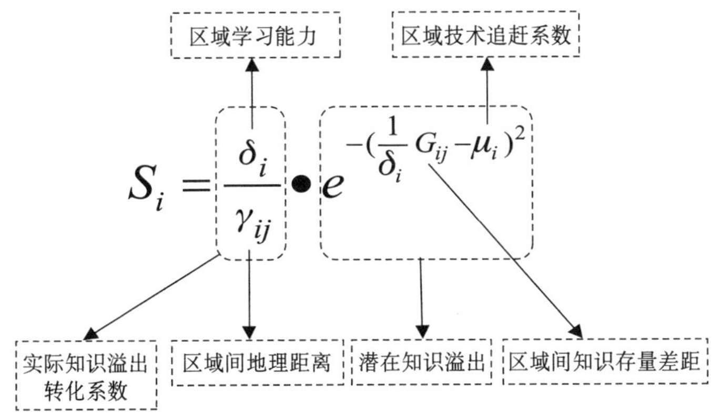

图 5-2　凯尔尼斯知识溢出模型

将上式扩展到 N（$N \geqslant 2$）个区域的情况。则每个区域的知识溢出是接受 $N-1$ 个其他区域的知识溢出的总和，即：

$$S_i = \sum_{j=1}^{N-1} \frac{\delta_i}{\gamma_{ij}} e^{-(\frac{G_{ij}}{\delta_i}-\mu)^2}$$

M. C. J. Caniëls 的知识溢出蜂巢模型较为全面地反映了各种影响因素对知识溢出的影响。而且该模型反映的各因素对知识溢出的相关关系也与企业与所在区域之间的知识溢出影响因素的关系较为接近，因此本论文将以该模型为基础，对其假设和前提条件进行修改，重新建立符合企业接受区域知识溢出的知识溢出模型。

5.3.2　建立新模型

凯尼尔斯空间知识溢出蜂巢模型较为全面地分析了知识溢出的影响因素，但由于该模型的推导和假设都是建立在区域间层面上的，因此，必须对其假设和推导进行修正才能用于企业间层面的知识溢出研究。结合前面有关企业接受区域知识溢出的影响因素的分析，重新设立该模型的前提条件和假设。

（1）企业的产出水平与其具有的知识存量水平正相关。这个假设与 M. C. J. Caniëls 的假设类似。设企业的产出水平为 Q ，知识存量水平为 K 。根据柯布－道格拉斯生产函数可知企业的产量 $Y = A(t)L^{\alpha}K^{\beta}$ ，则 $\frac{\partial Y}{\partial A(t)} = L^{\alpha}K^{\beta}$ 因为企业的人力的投入 L 与资本的投入 K 非负，即 $L^{\alpha}K^{\beta} \geqslant 0$ ，因此企业的产量 Y 与技术水平 $A(t)$ 成正比。同理，令企业的产出水平 $Q = Y$ ，知识存量水平 $K = A(t)$ ，则 $\frac{Q'}{Q} = \theta \frac{K'}{K}$ ，其中，Q' ，K' 分别表示企业的产出水平和知识存量的对时间 t 的导数，θ 为知识存量对企业产量的影响系数。即企业的产出水平与其具有的知识存量水平正相关。

（2）企业知识存量的增长受到两方面因素影响：干中学（或自主创新）与获取知识溢出。M. C. J. Caniëls 的模型假设认为区域知识生产和创新来源于“干中学”、获取周边区域的知识溢出（ S_i ）、外生增长率（ ρ_i ）三方面因素。其中外生增长率主要是指区域内知识本身的增长。而对于企业来说，区域的外生增长引起区域知识存量的增加，是企业吸收知识溢出的来源，因此，企业知识的创新增长只可能来自于企业的干中学（或自主创新）和获取知识溢出两个方面，知识本身的增长则主要是通过自主创新实现的，知识的自我增长（或外生增长）微乎其微，可以忽略不计。由此企业单位时间知识存量增长率公式可以表示如下：

$$\frac{K'_i}{K_i} = \alpha\left(\lambda \frac{Q'_i}{Q_i} + S_i\right)$$

其中：K_i 为企业 i 的知识存量；Q_i 表示企业 i 产出水平；α 指

由于上述两方面因素导致的知识存量增长系数；λ 指干中学效应（Verdoorn effect）影响强度。

（3）企业与区域间的知识存量差距是形成企业接受区域知识溢出的主要原因。该假设与 M. C. J. Caniëls 的假设类似。虽然影响企业接受区域知识溢出的因素有很多，但是如果企业与区域间不存在知识差距，那么也将不存在知识溢出。只有企业与区域间存在知识差距，即当区域内部存在企业没有的新技术、新知识、新信息时，企业才能从区域知识存量中获得知识溢出。因此企业与区域间知识存量差距是知识溢出产生的根本动因。知识差距与知识溢出之间的关系类似于倒 U 型，即当知识存量差距较小时，随着差距的增加，知识溢出也将增强；但是当知识存量差距超过一定值后，知识溢出将会随着差距的增加而下降。

（4）假设企业与所在区域的地理距离可以忽视。由于本书分析的是企业与其所在区域之间的知识溢出，企业存在区域内部，企业与区域内部其他企业之间的联系和交往紧密，电话、网络等即时通讯工具越来越发达，企业之间的地理距离对知识溢出的影响很小。因此地理距离可以近似地认为不存在。也就是说在分析微观企业与区所在区域之间的知识溢出时，因企业所处地理位置不同造成的随着地理距离增加产生的衰减可以忽略不计。

（5）假设企业与区域之间的知识溢出受行业距离的影响。与 M. C. J. Caniëls 对地理距离的假设类似，当企业之间的行业距离增大时，企业之间的知识溢出效应将会由于知识的专业性增强，以及知识受体所具有的与之相关的知识存量的减少使得知识无法被理解或吸收，直接导致企业获得的知识溢出减少。企业在接受区域知识溢出时，会由于行业或者产业差距的存在，而使得知识溢出衰减。可以肯定行业相关性越弱，行业距离越大，但不会无限大，这是因为即便是完全不相关的企业，它们之间可能在某些方面（如管理经验）仍存在着知识溢出，虽然它们之间的知识溢出非常小，但总是存在。在此引入行业关联度的概念，即行业与行业之间的关联程度，用行业距离的倒数表示，这样行业关联度的取值限定在（0，1］之间，如果两个行业之间的行业距离较小，那么这两个行业之间的关联度较大，因此行业距离可以通行业关联的程度来度量。

（6）假设企业的创新能力与实际溢出正相关。企业吸收该区域的先进技术，要将技术转换成生产力，需要一定的时间和条件。这就体现了知识吸收能力与产出之间的时间滞后型。滞后期间的长短取决于企业关键管理人员对研发的态度。具体来讲研发人员比例及专有技术的投入大小是影响创新产出的重要因素，即研发人员比例越大，投入的研发费用越高，拥有的专有技术越多，说明企业对新产品的开发，新工艺的改进意愿越强烈，知识转化越快，企业可以更多地获取实际的知识溢出。

（7）假设企业的学习能力与企业现有的人力资本水平正相关。人力资本指的是员工个人所具有的教育水平、技能、知识和经验、管理人员能力等，学习能力主要由人力资本即个人的技能水平来反映，教育水平、经验和技能在内的人力资本属性，特别是高层管理者这类人力资本的特性显著影响企业的学习能力。

根据前面企业与所在区域间知识溢出的影响因素及影响趋势分析，对 M. C. J. Caniëls 的知识溢出模型进行修正，以适应企业接受区域知识溢出的特点。

根据以上分析可知，企业所接受的区域知识溢出 S 主要取决于企业的创新能力 B 、学习能力 δ 、行业距离 R 以及知识存量差距 G ，即 $S = f(B,\delta,R,G)$ 。

改进凯尼尔斯空间知识溢出蜂巢模型，使模型更适应微观企业接受区域知识溢出效应的测量。改进后公式为：

$$S_{ij} = \frac{b_i \delta_i}{\gamma_{ij}} e^{-\left(\frac{G_{ij}}{\delta_i} - \mu_{ij}\right)^2} \tag{5.1}$$

对公式中的参数解释见图 5 – 3。

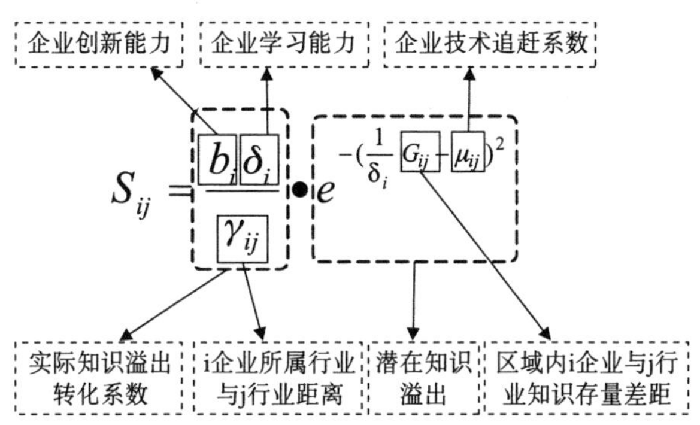

图 5 – 3　企业接受区域知识溢出模型

其中 s_{ij} 为企业 i 接受的来自所在区域 j 行业的知识溢出；

b_i 为企业 i 的创新能力，$0 \leqslant b_i \leqslant 1$，用企业的创新资本表示；

δ_i 为企业 i 的学习能力，用企业 i 的人力资本表示；

G_{ij} 为企业 i 与所在区域中 j 行业知识存量差距，从微观企业与其所在区域的技术差距上看，知识存量差距可以概括为与本企业不同的知识都会形成知识势差，微观个体的知识存量在所在区域知识存量中只占有相当少的比例，因此，在统计计算中可以忽略微观个体自身对区域知识存量的影响，可以用区域中 j 行业的知识存量表示；

γ_{ij} 为行业距离，表示目标企业 i 所在行业与行业 j 间的行业距离。

μ_{ij} 为技术追赶系数，是指企业 i 与区域 j 行业之间可能发生的溢出水平上的知识存量差距。

将上式扩展到 j 个行业的情况，则企业 i 接受所在区域整体的知识溢出模型为：

$$S_i = \sum_{j=1}^{n} s_{ij} = \sum_{j=1}^{n} \frac{b_i \delta_i}{\gamma_{ij}} e^{-\left(\frac{G_{ij}}{\delta_i} - \mu_{ij}\right)^2} \tag{5.2}$$

5.3.3 模型动态理论分析

上节分析了区域知识存量差距、企业的学习能力、创新效率、行业距离对知识溢出的影响，并建立了企业接受所在区域的知识溢出模型，本书将在此基础上分析各影响因素的变化对知识溢出产生的影响，阐述其经济学意义。

(1) 知识存量差距变化分析。首先对公式（5.1）进行分析。假设除 G_{ij} 以外，其他自变量为常数，对 G_{ij} 求偏导数，结果为：

$$\frac{\partial s_{ij}}{\partial G_{ij}} = \frac{b_i \delta_i}{\gamma_{ij}} e^{-\left(\frac{G_{ij}}{\delta_i} - \mu\right)^2} \cdot \left[-\frac{2}{\delta_i}\left(\frac{G_{ij}}{\delta_i} - \mu\right) \right]$$

令 $\frac{\partial s_{ij}}{\partial G_{ij}} = 0$，解得 $G_{ij} = \mu\delta_i$ 带入（5.1）式得到 s_{ij} 的最大值，即 $s_{ij,\max} = \frac{b_i \delta_i}{\gamma_{ij}}$。同理，根据式（5.2）求得 $S_{i,\max} = \sum_{j=1}^{n} \frac{b_i \delta_i}{\gamma_{ij}}$，根据这个结果可以绘制知识溢出与知识存量差距的分布图。

从图 5－4 可以看到，当知识存量差距 G_{ij} 较小时，随着知识存量差距的增大，企业 i 所获取的区域知识溢出逐渐增大到 $S_{\max} = \sum_{j=1}^{n} \frac{b_i \delta_i}{\gamma_{ij}}$；当知识存量差距超过 $\mu\delta_i$，随着知识存量差距的增加，企业所获取的知识溢出逐渐减少。

(2) 学习能力与知识溢出的关系。根据知识溢出模型（5.2）所示，企业的学习能力与知识溢出正相关。表明学习能

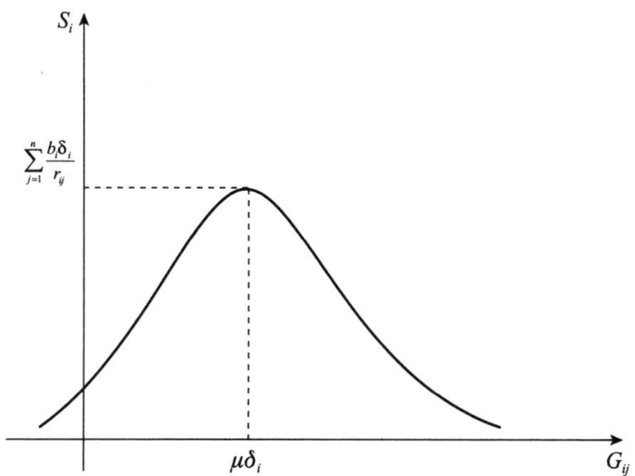

图5－4　知识溢出与知识存量差距的函数分布图

力越强所获取的知识溢出越大。为了更好地理解企业的学习能力和知识溢出效果之间的关系，用图5－5进一步分析。

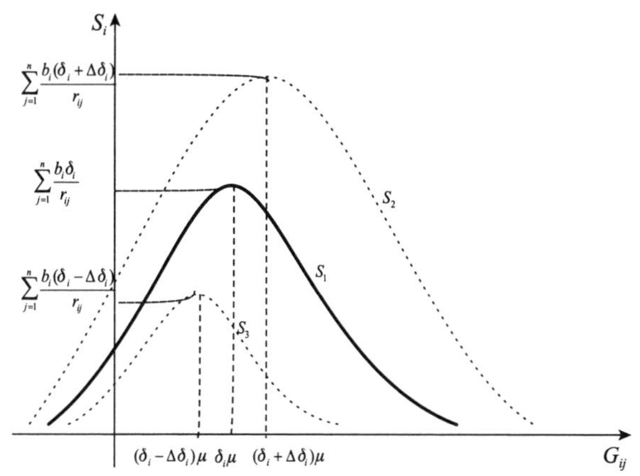

图5－5　学习能力与知识溢出变化图

当企业的学习能力 δ 增强时，企业知识溢出效应的最大值所对应的横轴 G 的位置将向右偏移，同时纵轴表示的知识溢出的最大值也向上移动，即当企业学习能力 δ 增强时，知识溢出效应增强，在较大的知识存量差距范围内，企业仍然可以实现技术追赶。这是由于企业学习能力提高后，企业对来自区域的复杂知识以及缄默知识的理解能力也得到了加强，因此不仅使得企业在同样的区域知识存量差距下获得更多知识溢出，而且吸收能力的增加也使得在知识存量差距扩大时获得知识溢出变得可能。从图5－5也可以看到，知识溢出的效果和学习能力的增长速度并不是同比实现的，而是知识溢出的增长速度远远大于学习能力的增长，说明当企业的学习能力增强时，企业自有知识的解释能力也得到了提高，因此企业学习能力的提高对溢出知识起到了递增的规模效应。

（3）创新能力与知识溢出的关系。根据公式（5.2）绘制创新能力与知识溢出关系图5－6。

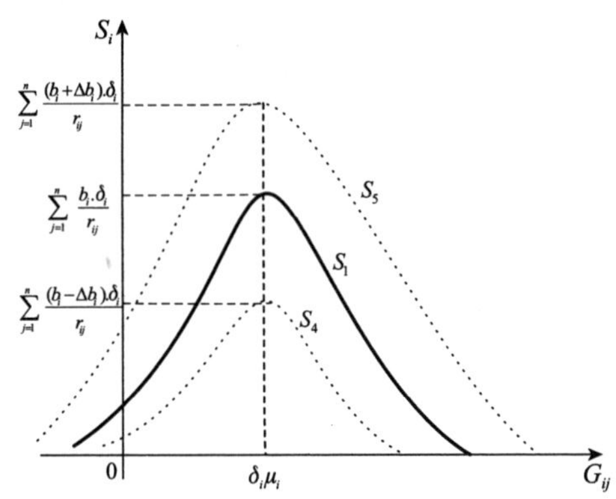

图5－6　创新能力与知识溢出变化图

从图5－6看出，当企业的学习能力不变时，随着创新能力的提高，企业所获取的知识溢出逐步增大；相反，当企业的创新能力降低时，所获取的知识溢出也下降。创新能力是对新知识的模仿、利用及转化的能力，也是将获取的潜在的知识溢出转化为内在知识，提高产出的一个重要因素。

（4）行业距离与知识溢出的关系。根据公式（5.1）绘制行业距离与知识溢出关系图 5－7。

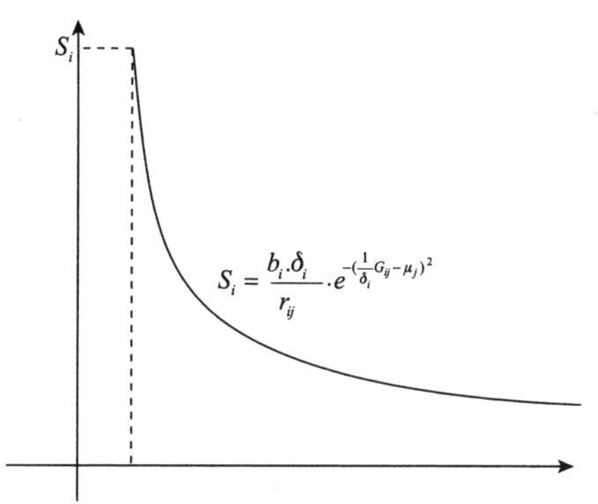

图 5－7　行业距离与知识溢出关系图

从图 5－7 看到，行业距离与知识溢出成反比，与行业临近度成正比。根据前面的分析 $1/\gamma_{ij} \in (0,1]$，当 $\gamma_{ij} = 1$ 时，说明企业与其所在区域内同行业之间的行业距离最小，行业临近度为最大值 1；企业与其所在区域其他行业间的距离大于 1，且相关性越弱，距离越大，行业临近度越小，但不会为 0，因为即使是完全不相关的两个行业，它们之间可能在某些方面（如管理经验、组织形式、工作流程、激励措施等）仍存在着知识溢出，虽然它们之间的知识溢出非常小。根据公式（5.2）分析，区域内部与主体企业相同行业的企业越多，也就是同行业的知识存量比例越大，知识溢出效果越明显。

5.4 知识溢出与高技术企业绩效关系的实证研究

5.4.1 高技术企业所在区域知识存量测度

5.4.1.1 通讯及相关设备制造业上市公司区域描述

从表5－2中可以看出，我国通讯及相关设备制造业高技术上市公司所选17家样本地理位置非常集中，在31个省际区域中，只位于北京、江苏、浙江、湖北、上海、广东、福建，共7省，且北京就占了35.29%，这种地域上的集中并不是偶然的，可以通过下面各省的知识含量来进一步分析。

表5－2 电子通讯设备制造业上市公司所在区域统计

区域	上市公司	企业数	比例
北京	中信国安、中国卫星、大唐电信、大恒科技、中创信测、中电广通	6	35.29%
湖北	长江通信、精伦电子、烽火通信	3	17.65%
江苏	宏图高科、南京熊猫	2	11.76%
浙江	航天通信、东方通信	2	11.76%
上海	飞乐股份、上海普天	2	11.76%
广东	中兴通讯	1	5.89%
福建	闽福发A	1	5.89%

5.4.1.2 各区域知识存量计算

有关区域的知识存量测度指标体系在前面已经介绍，因为因子分析法是以各指标样本间的方差占全部样本方差的比重大小来设置权重，避免了人为因素对权重的干预。在此本人采用因子分析方法来计算各省知识存量的相对综合值。其中6省份（内蒙古、海南、西藏、青海、宁夏、新疆）的科技指标统计不全面，略去，所有数据来自2011~2015年《高技术产业统计年鉴》。采用SPSS软件因子分析时，有些省份的统计指标不全，在计算时忽略，分析结果见表5-3。

从2010~2014年区域知识存量的计算看，四川省的电子通讯设备制造业的知识水平正在逐步提高，已经超过了北京、上海，纵观四川省这几年的科技发展已经取得了长足的进步，特别是在电子通讯制造业的发展上，开发出了集成电路设计、软件开发等一大批具有国际国内先进水平的高科技成果和高科技产品，初步形成高新技术产业发展战略体系，高技术产业集聚现象明显，成都高新区、绵阳科技城成为发展迅速的高技术产业基地，至2015年全省有独立科研院所165个、企业及高等院校科研机构1352个，全省科技人员达到22.5万人；企业科技队伍占到全省总量的66%。全省有两院院士57人、59人次。科研机构和科研人员的数量分别是20世纪50年代末的41倍和67倍。科技投入显著增加。到2015年末，全省全社会科技投入367.9亿元，其中，企业投入196.9亿元、各级政府投入138.5亿元、金融机构贷款15.0亿元。R&D占GDP的比重由1996年的0.91%上升到2008年的1.30%，地方政府科技投入较改革开放初期增长了近30倍。至2015年，全省专利申请数达到10.94万件，授权6.08万件。全省技术市场技术合同成交金额累计超过300亿元，较1984年的1.37亿元增长了约219倍。所以计算的四川省电子通讯制造业的知识水平达到中国的前列是与事实相符的。湖北作为科教大省，至2014年底拥有各类科学研究和技术开发机构

表 5－3　　2010 年～2014 年各省电子通讯设备制造业知识存量相对值

地区	2014 年	位次	2013 年	位次	2012 年	位次	2011 年	位次	2010 年	位次
北京	1. 057421	2	0. 760895	3	0. 823797	2	0. 704486	5	0. 982054	2
天津	0. 452683		0. 6912		0. 755958		0. 760627		0. 911867	
河北	－0. 76935		－0. 78875		－0. 96728		－0. 80485		－0. 89392	
山西	－0. 8847		－0. 86504		－0. 94765		—		—	
辽宁	－0. 27608		－0. 13424		0. 199646		－0. 14427		0. 287586	
吉林	－0. 65849		－0. 23612		－0. 58436		－0. 69121		－0. 39231	
黑龙江	—		－0. 5333		—		－0. 96717		－0. 05322	
上海	0. 647938	4	0. 961027	2	0. 786097	3	1. 215209	1	1. 129385	1
江苏	－0. 07983	13	－0. 31547	17	－0. 34986	17	0. 109717	10	－0. 21173	14
浙江	－0. 24866	14	－0. 05468	13	－0. 03311	13	－0. 03363	12	－0. 17799	12
安徽	0. 000856		－0. 17355		－0. 11824		－0. 35639		0. 188629	
福建	0. 020129	10	0. 020129	9	0. 154027	11	－0. 16247	14	－0. 17937	13
江西	－0. 58449		－0. 49305		－0. 48366		－0. 65209		－0. 4905	

续表

地区	2014 年	位次	2013 年	位次	2012 年	位次	2011 年	位次	2010 年	位次
山东	0. 152595		0. 182222		0. 205815		0. 373409		0. 278976	
河南	0. 275907		0. 326309		0. 174601		0. 703697		0. 328749	
湖北	0. 897496	3	0. 586016	6	1. 350186	1	1. 142586	2	-0. 23295	15
湖南	-0. 77134		-0. 78125		-0. 60597		0. 008062		-0. 82849	
广东	0. 507521	6	0. 111794	10	0. 003613	12	0. 129633	9	0. 27408	7
广西	-0. 5291		-0. 3763		-0. 315		—		—	
重庆	-0. 25912		0. 078527		0. 586917		-0. 25204		-0. 08122	
四川	1. 201939	1	1. 035728	1	0. 512025	6	0. 705452	4	0. 617098	4
贵州	0. 553126		0. 614501		0. 156817		-0. 58962		-0. 41139	
云南	-0. 59086		-0. 68035		-0. 6561		-0. 79522		-0. 52526	
陕西	-0. 02646		-0. 01309		-0. 09324		0. 386182		0. 122437	
甘肃	-0. 39518		-0. 4196		-0. 48109		-0. 57811		0. 325663	

1378 家，普通高等院校 85 所，集中了高水平的专家团队和研究基地，在光纤通信、激光等若干领域代表了我国最高水平，从我国高技术产业统计年鉴 2015 年看出，湖北省电子通讯设备制造业中每万人研发活动人员、每万人研发经费支出、每万人新产品开发经费、每万人拥有科技活动人员等投入指标位居全国前四位，为其通讯设备业的发展奠定了基础，因此在全国电子通讯设备制造业中各省的知识存量的排名是与实际情况相符的（资料来源：中华人民共和国科技部网站）。

上面 2010 ~ 2014 年各省电子通讯设备制造业知识存量比较的统计结果显示，北京、上海、广东、湖北省际知识存量很高，电子通讯设备制造业上市公司在这些区域的分布为 70.59%，江苏、浙江、福建的知识存量居中，样本在这些区域的分布为 29.41%，这说明作为高技术行业的通讯及相关设备制造业上市公司出现了地域上一定程度的集中，趋向于在知识存量高的地区集聚。

5.4.2 高技术企业获取的知识溢出计算

在对通讯及相关设备制造业上市公司知识资本的计算中，企业的学习能力、创新能力的指标已经通过因子分析法进行了计算，为了后面实证分析的便利，把学习能力、创新能力及区域知识存量在表 5 - 4 中列示。

上述指标是采用因子分析法得到的综合值，只代表不同样本的相对得分，且均值为 0，这样就有一部分样本指标取值为负，因此在计算知识溢出之前要进行数据的变换处理，在不影响各变量样本排序和方差，避免出现指标数据为 0 及负数的情况下，且在不影响各样本相对知识溢出测度的前提下，对变量学习能力、创新能力、区域知识存量进行数据变化，使其标准化为均值为 1

表 5－4　知识溢出相关的统计指标与因子分析后的数据

公司股票代码	2014 年			2013 年			2012 年		
	学习能力	创新能力	知识存量	学习能力	创新能力	知识存量	学习能力	创新能力	知识存量
000063	0. 434104	－0. 00668	0. 507521	0. 561823	0. 025865	0. 111794	0. 54	0. 026012	0. 003613
000547	－0. 10688	－0. 01195	0. 020129	－0. 21974	0. 023174	0. 020129	－0. 22205	－0. 08071	0. 154027
000839	0. 003379	－0. 01931	1. 057421	－0. 08604	－0. 01132	0. 760895	－0. 0236	0. 074656	0. 823797
600118	0. 045118	0. 221847	1. 057421	0. 164166	0. 095551	0. 760895	0. 01592	0. 073457	0. 823797
600122	－0. 22594	－0. 03536	－0. 07983	－0. 22678	－0. 09049	－0. 31547	－0. 18427	－0. 09736	－0. 34986
600198	0. 083985	－0. 0149	1. 057421	0. 028642	0. 005431	0. 760895	0. 053139	－0. 06956	0. 823797
600288	－0. 1265	－0. 01008	1. 057421	－0. 11324	0. 016227	0. 760895	－0. 07822	0. 036132	0. 823797
600345	0. 033031	0. 002506	0. 897496	－0. 03991	0. 109726	0. 586016	－0. 08659	0. 147224	1. 350186
600355	－0. 0983	－0. 00806	0. 897496	－0. 0397	0. 043927	0. 586016	0. 077239	－0. 02788	1. 350186
600485	0. 112986	0. 024856	1. 057421	0. 14587	0. 185122	0. 760895	0. 213479	0. 112462	0. 823797
600498	0. 055627	－0. 00381	0. 897496	0. 09254	0. 014018	0. 586016	0. 113457	0. 073445	1. 350186
600654	－0. 13235	－0. 03084	0. 647938	－0. 12771	－0. 07776	0. 961027	－0. 13997	－0. 06519	0. 786097
600677	0. 166178	－0. 03534	－0. 24866	－0. 06496	－0. 11205	－0. 05468	0. 09588	－0. 06226	－0. 03311
600680	－0. 18526	－0. 01301	0. 647938	－0. 16151	－0. 02447	0. 961027	－0. 20209	－0. 02646	0. 786097
600764	－0. 00762	－0. 02913	1. 057421	0. 00157	－0. 08126	0. 760895	－0. 01192	－0. 01052	0. 823797
600775	－0. 0951	－0. 01181	－0. 07983	－0. 04771	－0. 02743	－0. 31547	－0. 16622	－0. 00636	－0. 34986
600776	0. 043531	－0. 01893	－0. 24866	0. 132696	－0. 09425	－0. 05468	0. 005819	－0. 09709	－0. 03311

续表

公司股票代码	2011 年			2010 年		
	学习能力	创新能力	知识存量	学习能力	创新能力	知识存量
000063	0. 196723	0. 13416	0. 129633	0. 67218	0. 06638216	0. 27408
000547	-0. 16229	-0. 03891	-0. 16247	-0. 22485	-0. 031958149	-0. 17937
000839	-0. 07718	0. 00216	0. 704486	0. 124274	0. 026913165	0. 982054
600118	-0. 04787	0. 019867	0. 704486	-0. 07281	0. 090513005	0. 982054
600122	0. 037359	-0. 10029	0. 109717	-0. 14194	-0. 046001515	-0. 21173
600198	-0. 10202	-0. 02155	0. 704486	0. 061137	-0. 027458724	0. 982054
600288	0. 137723	0. 118828	0. 704486	-0. 08956	-0. 034291051	0. 982054
600345	-0. 01209	-0. 04987	1. 142586	-0. 13004	0. 00433105	-0. 23295
600355	0. 088468	-0. 01402	1. 142586	0. 040175	0. 002532867	-0. 23295
600485	-0. 16946	-0. 14289	0. 704486	-0. 06622	0. 048488322	0. 982054
600498	-0. 02324	0. 023597	1. 142586	0. 022671	0. 014992385	-0. 23295
600654	0. 001054	-0. 09054	1. 215209	-0. 19156	-0. 044064532	1. 129385
600677	0. 14748	0. 12148	-0. 03363	0. 06298	-0. 056727343	-0. 17799
600680	-0. 07432	-0. 075	1. 215209	-0. 03208	-0. 013142402	1. 129385
600764	0. 236515	0. 076058	0. 704486	0. 306396	0. 238914271	0. 982054
600775	-0. 06203	-0. 0565	0. 109717	-0. 10485	-0. 019455893	-0. 21173
600776	0. 114916	0. 17127	-0. 03363	-0. 39443	-0. 219967615	-0. 17799

的数列。在对区域的知识存量统计计算时，电子通讯设备制造业所占比重最大，且与样本为同一行业，因此行业临近度为1，对通讯及相关设备制造业的知识溢出是主要部分，因此后面实证中只考虑了电子通讯设备制造业对样本企业的知识溢出。知识溢出计算公式为：

$$S_i = b_i\delta_i e^{-\left(\frac{G_i}{\delta_i}-1\right)^2}$$

其中 S_i 表示所获取的知识溢出；b_i 表示企业的创新能力；δ_i 表示企业的学习能力。

μ 取值为1，是认为上市公司在知名度、名誉、信誉、经营水平等各方面都优越于同行业，而且我国对于股份有限公司上市都规定了较为严格的条件。鉴于此，上市公司可以在较大范围内实现技术追赶。

表5-5显示的是按照上述公式所计算的通讯及相关设备制造业的知识溢出。各上市公司在5年里的知识溢出基本上保持相对平稳状态，中兴通讯、航天通信、东方通讯获取的知识溢出水平居高，飞乐股份、上海普天、大恒科技获取的知识溢出水平偏低。

表5-5　通讯及相关设备制造业上市公司的知识溢出

	2014年	2013年	2012年	2011年	2010年
中兴通讯	1.4208	1.4746	1.3995	1.353	1.6849
闽福发A	0.8648	0.7263	0.5661	0.8051	0.7478
中信国安	0.3264	0.3829	0.4941	0.4513	0.6451
中国卫星	0.4997	0.9807	0.5794	0.5201	0.2771
宏图高科	0.7206	0.6941	0.7066	0.9288	0.8132
大唐电信	0.4767	0.6231	0.5736	0.3922	0.4859
大恒科技	0.1377	0.341	0.3666	0.9932	0.22

续表

	2014 年	2013 年	2012 年	2011 年	2010 年
长江通信	0.5141	0.6965	0.0883	0.2394	0.8616
精伦电子	0.2642	0.6557	0.2592	0.4201	0.9733
中创信测	0.5552	1.0181	1.0482	0.2352	0.2776
烽火通信	0.5567	0.9034	0.3481	0.2406	0.9751
飞乐股份	0.3745	0.1694	0.2522	0.2091	0.0535
航天通信	0.9913	0.8302	1.0135	1.2552	0.9525
上海普天	0.2826	0.1363	0.1676	0.123	0.2263
中电广通	0.3045	0.5179	0.4781	1.153	1.2386
南京熊猫	0.894	0.8558	0.7892	0.8558	0.8653
东方通信	0.9466	0.9982	0.9068	1.2829	0.4157

5.4.3 知识溢出与高技术企业绩效关系的理论分析与关系假说

(1) 知识溢出、自主创新和集聚效应分析

对于高技术行业，企业间竞争的焦点是核心技术，然而核心技术的开发和创新需要具备一定的技术基础，而且企业技术的开发要受制于成本效益原则，没有哪一个企业能保证不断的自主创新。知识企业在空间上趋向于集聚，很大程度上是为了能够分享到由于企业之间的临近而产生的知识溢出效应。知识溢出是指由于知识的非独占性，导致企业创造的知识不能被该企业独占，可以被其他企业无偿使用，从而促进竞争者知识的提高。由于知识的非竞争性和部分可排他性，企业在空间区位上竞争的同时也可以通过产品的使用和信息的交流从其他企业处获得知识溢出，从而降低自身的生产成本。大量的研究已经证实，某一产业中企业之间的知识溢出，尤其是默会知识（Tacit knowledge）的溢出受企业间距离远近的影响是十分显著的。

国内外对知识溢出影响产业在一定空间竞争和集聚的研究很多，Jaffe（1989）通过研究认为，企业和大学的接近可以明显提高企业从大学获得知识溢出的潜力[140]。Jaffe（1993）发现专利被国内引用的频率明显高于被国外引用的频率[141]。Audrestch和Feldman（1996）研究发现具有高创新活动水平的企业有更强的集聚倾向[142]。国内对知识溢出效应的研究起步较晚，魏江（2003）从集群整体和集群成员两个方面揭示了企业集群创新网络产生和创新网络中知识溢出的经济性和存在意义[143]。以上研究都充分证明了技术的扩散和知识的溢出具有很强的空间局限性。

既然知识溢出和企业集聚两者之间有着密切联系，企业应该如何选址才能应对日益激烈的市场竞争，企业集聚程度的均衡区位如何确定，并从因聚集而产生的知识溢出中获益就成为一个重要的课题，因此有必要对其关系作进一步的分析，研究空间竞争情况下知识溢出与企业选址、创新及集聚效应的内在联系。

①基于知识溢出的企业选址模型。知识具有明显的规模效应，这种规模效应在一定程度上导致相同或相近行业的企业在地域上相互集中。在产业集群内部，高技术企业投资研制的各种新知识，会有很大一部分外溢出去成为整个企业集群的公共知识。事实上，集群企业之间彼此接近，则企业之间的信息交流或知识溢出可以给每一个企业都带来更多的收益。因此，知识溢出一定程度上成为产业集群的向心力。

假定1：有一个长度为1的线性区域，该区域两端的距离为1，区域内两企业的初始位置分别为 y_1, y_2 ，且 $y_2 > y_1, y_i \in [0, 1], i = 1,2$ ，消费者均匀分布在线段上，分布密度为1。企业之间的地理位置越接近，就越能从彼此的知识创新中获益，知识溢出效应愈明显。

假定2：考虑到企业地理位置选择与顾客运输成本的关系，假设运输成本为距离的二次函数（可以使竞争的程度更激烈，也可以保证纯策略均衡的存在）。即位于 x 的消费者从企业 i 购买产品所要支付的总的价格为 $p_i+r(x-y_i)^2$，p_i 是企业 i 的产品价格，r 是单位交通成本，y_i 是企业 i 的位置。

假定3：两个企业之间在选址竞争的同时，企业在与另一个企业通过信息交流或合作而使自身受益，即能够相互获得彼此的知识溢出效应。考虑到企业之间的知识溢出，参照 Claudio Piga，Joanna Poyago－Theotoky（2005）的思路[151]，定义 $\lambda(y_1-y_2)^2$ 为总的交流成本，λ 是一参数，其值越大说明知识溢出强度越大，并且所承担的交流成本也越大（企业必须付出一定的努力对其所获得的知识溢出进行消化吸收后，才能使自身的收益真正得到提高。知识溢出强度越大，企业相应地需要付出的努力也就越大），λ'一旦设定后，其并不随距离的变化而发生变化。对于不同产业，λ 的大小会有不同，λ 越大，说明相应产业的技术水平较高，并且企业间的知识溢出也越高。

第一，企业同时选址，同时定价的均衡模型。分析一个两阶段子博弈精炼均衡，在第一阶段，两个企业各自同时选择他们的生产地点（区位），在第二阶段在已知各自区位的情况下同时选择各自的价格。按照经典逆推的方法，首先由第二阶段开始。

首先，分析定价模型。通过使每个消费者接受的交货价格相等以决定市场份额，设有一个位于 x'的消费者，他从企业1和企业2购买是无差异的，显然 x'位于两企业之间，则消费者剩余可以表示为 $b-p_1-r(x'-y_1)^2=b-p_2-r(x'-y_2)^2$，其中 $b\geqslant 0$ 表示消费者购买任一款商品所获的地基本效益，解得，$x'=\frac{p_2-p_1}{2r(y_2-y_1)}+\frac{y_2+y_1}{2}$。

从而得到企业的需求函数为：

$$D_1(p_1,p_2)=\frac{p_2-p_1}{2r(y_2-y_1)}+\frac{y_2+y_1}{2} \tag{1}$$

$$D_2(p_1,p_2)=1-[\frac{p_2-p_1}{2r(y_2-y_1)}+\frac{y_2+y_1}{2}] \tag{2}$$

假设两个企业的单位生产成本是一个常数，不失一般性，将其标准化为0。则企业利润为

$$\pi_1=p_1D_1(p_1,p_2)-\lambda(y_2-y_1)^2=p_1\frac{p_2-p_1}{2r(y_2-y_1)}+\frac{y_2+y_1}{2}-\lambda(y_2-y_1)^2 \tag{3}$$

$$\pi_2=p_2D_2(p_1,p_2)-\lambda(y_2-y_1)^2=p_2[1-\frac{p_2-p_1}{2r(y_2-y_1)}+\frac{y_2+y_1}{2}]-\lambda(y_2-y_1)^2 \tag{4}$$

令$\frac{\partial\pi_1}{\partial p_1}=0,\frac{\partial\pi_2}{\partial p_2}=0$，解得$p_1=\frac{r}{3}(y_2-y_1)(2+y_1+y_2)$　　(5)

$$p_2=\frac{r}{3}(y_2-y_1)(4-y_1-y_2) \tag{6}$$

$$\pi_1^*=\frac{r}{18}(y_2-y_1)(2+y_1+y_2)^2-\lambda(y_2-y_1)^2 \tag{7}$$

$$\pi_2^*=\frac{r}{18}(y_2-y_1)(4-y_1-y_2)^2-\lambda(y_2-y_1)^2 \tag{8}$$

其次，对企业地理位置选择模型分析。接下来求第一阶段的均衡，分别对（7）（8）式求$\frac{\partial\pi_1}{\partial y_1}=0,\frac{\partial\pi_2}{\partial y_2}=0$，考虑企业选址的对称条件，$y_1+y_2=1$ 得到

$$y_1^*=\frac{12-\frac{r}{\lambda}}{4\frac{r}{\lambda}+24},y_2^*=\frac{12+5\frac{r}{\lambda}}{4\frac{r}{\lambda}+24}$$

从上式中可以看到，企业的均衡区位是$\frac{r}{\lambda}$的函数，并且与两企业初始位置无关。当r不变时，随着λ逐渐增加，两企业逐渐靠近，也就是说两企业之间的溢出强度越大，两企业最优选址均衡时的距离越小，两企业相互靠近的速度随着知识溢出强度的增大而减小。当λ不变时，单位交通成本r越低，企业越倾向于集聚。

第二，结论分析。由于知识溢出效应的存在，企业为了获取更多的知识而有相互接近的愿望，从而就缓解了价格竞争的激烈程度。当彼此间的知识溢出强度相对于单位交通成本很大时，企业集聚就会成为市场均衡。这也解释了知识溢出对集聚的促进作用，在相互存在知识溢出的情况下，市场均衡倾向于企业集聚。从最终企业选址结果可以看到，当知识溢出强度很小时，增加知识溢出强度会对两企业的均衡位置有较大影响；当知识溢出强度很大时，增加知识溢出强度对两企业的均衡位置影响较小。因此为了促进企业集聚，在知识溢出强度较小时增大知识溢出促进作用会比较明显。

②企业进入后产品定价与创新模型。企业选定厂址，为了提高自身的产品质量而进行知识创新投入，而另一家企业由于地理上的临近可以获得知识溢出。在此用EI表示企业有效的知识创新效应，I_i表示i企业独立创新效应，则$EI_i=I_i+\lambda(1-y_2+y_1)I_j$（$i,j=1,2$），知识创新所支出的费用为$C(I_i)$，而且符合$C'>0,C''>0$，令$C(I_i)=\frac{1}{2}I_i^2$。分析一个两阶段子博弈精炼均衡，在第一阶段，两个企业各自进行创新投入及获取知识溢出，在第二阶段选择各自的价格。按照经典逆推的方法，首先由第二阶段开始。

第一，产品定价选择。消费者从任何一家企业购买产品所获得的剩余应是相同的，则消费者剩余可以表示为 $b+EI_1-p_1-r(x'-y_1)^2=b+EI_2-p_2-r(x'-y_2)^2$，解得，

$$x'=\frac{(p_2-p_1)-[1-\lambda(1-y_2+y_1)](I_2-I_1)}{2r(y_2-y_1)}+\frac{y_2+y_1}{2}$$

从而得到企业的需求函数为：

$$D_1(p_1,p_2)=\frac{(p_2-p_1)-[1-\lambda(1-y_2+y_1)](I_2-I_1)}{2r(y_2-y_1)}+\frac{y_2+y_1}{2} \quad (9)$$

$$D_2(p_1,p_2)=1-\left\{\frac{(p_2-p_1)-[1-\lambda(1-y_2+y_1)(I_2-I_1)}{2r(y_2-y_1)}+\frac{y_2+y_1}{2}\right\} \quad (10)$$

企业利润可以表示为 $\pi_1=p_1D_1-\frac{1}{2}I_1^2-\lambda(y_2-y_1)^2I_2^2$　(11)

$$\pi_2=p_2D_2-\frac{1}{2}I_2^2-\lambda(y_2-y_1)^2I_1^2 \quad (12)$$

令 $\frac{\partial\pi_1}{\partial p_1}=0,\frac{\partial\pi_2}{\partial p_2}=0$，

解得 $p_1=\frac{1}{3}r(y_2-y_1)(2+y_2+y_1)-\frac{1}{3}[1-\lambda(1-y_2+y_1)(I_1-I_2)]$　(13)

$$p_2=\frac{1}{3}r(y_2-y_1)(4-y_2-y_1)+\frac{1}{3}[1-\lambda(1-y_2+y_1)(I_1-I_2)] \quad (14)$$

$$\pi_1^*=\frac{\{r(y_2-y_1)(2+y_2+y_1)-[1-\lambda(1-y_2+y_1)](I_2-I_1)\}^2}{18r(y_2-y_1)}$$

$$-\frac{I_1^2}{2}-\lambda\ (y_2-y_1)^2 I_2^2 \tag{15}$$

$$\pi_2^*=\frac{\{r(y_2-y_1)(4-y_2-y_1)+[1-\lambda(1-y_2+y_1)](I_2-I_1)\}^2}{18r(y_2-y_1)}-\frac{I_2^2}{2}-\lambda\ (y_2-y_1)^2 I_1^2 \tag{16}$$

第二，知识创新阶段。对（15）、（16）式求解$\frac{\partial\pi_1}{\partial I_1}=0,\frac{\partial\pi_2}{\partial I_2}=0$，并考虑两企业的均衡区位 $y_1+y_2=1$，在企业位置选定的前提下，不妨令 $y_1=\frac{1}{4},y_2=\frac{3}{4}$，求得：$I_1=I_2=\frac{\frac{3}{2}r\left(1-\frac{1}{2}\lambda\right)-\frac{2}{3}\left(1-\frac{1}{2}\lambda\right)^3}{\frac{9}{2}r-2\left(1-\frac{1}{2}\lambda\right)^2}$，可以看到当两企业选择对称的地理位置时，企业很明显会选择同样的知识创新努力；当运输成本不变时，企业的知识创新与知识溢出的强度有关，可以看到，随着知识溢出强度 λ 的增加，各自的知识创新努力减小。当两企业进一步靠近时，假定 $y_1=\frac{1}{3}$，$y_2=\frac{2}{3}$，求得 $I_1=I_2=\frac{r\left(1-\frac{2}{3}\lambda\right)-\frac{2}{3}\left(1-\frac{2}{3}\lambda\right)^3}{3r-2\left(1-\frac{2}{3}\lambda\right)^2}$，在知识溢出强度 λ 不变的情况下，企业越集聚，企业的创新努力越小。

③启示。

第一，运输成本和知识溢出强度影响企业选址均衡。企业初始进入市场考虑两个方面，一方面，当运输成本很低时，市场上的价格竞争非常激烈，促使企业选择不集聚，另一方面，由于知识溢出的存在，企业又趋于相互靠近，从对方企业的知识创新中获益，因此这种“离心力”和“向心力”相互作用的结果是企业存在一个均衡区位，而这个区位则由单位运输成本和知识溢出强度共同决定。

第二，自主创新受企业集聚程度与溢出强度影响。企业在地理上的集聚，使它们享受由于彼此靠近而带来的知识溢出效应，企业越集聚，知识溢出效应越强。企业间的知识溢出可以降低企业获取创新资源的成本与创新的不确定性，提高企业的创新产出。知识溢出效应的存在，加速了技术在各企业间的交流和创新，获得溢出效应的企业缩短了技术创新的时间和成本，提高企业的生产效率，使企业为市场提供更新更好的产品，提高了整个集群的知识积累，增强了整个集群的生产效率。从另一个角度讲，企业不可能只享有其他企业的知识溢出，在享受其他企业知识的同时，它自身的知识也在外溢。也就是说，企业集群所共享的知识为企业的创新和高技术产品的开发提供了基础，企业有能力也有意愿进一步创新。但是，知识溢出意味着企业并不能独享自身的创新收益，这时集群内的企业就存在“搭便车”现象，有些企业只进行低成本的模仿和复制，紧跟创新企业的发展动向，本身并不需要投入大量研发成本。技术开发先驱者的技术领先优势很快便被模仿者所分散，而且模仿企业单位产品的成本低于技术创新者的产品成本，价格竞争将可能使创新企业所投入的研发成本回收越来越慢，甚至收不回来。知识的外溢使创新企业创新收益随着集群内部模仿者的增加而逐渐减少，而当企业创新收益小于创新成本时，从事创新的动机就会消失。知识溢出强度越大，相互越靠近，等待对方知识溢出的动机就越强，因此，知识溢出的负效应将会降低创新主体进行知识创新的积极性，从而集群内部的公共知识得不到发展，降低整个集群的生产效率。企业集聚产生的两种力量博弈均衡必将是企业一定程度上的集聚，并非越集中越好。

（2）知识溢出与高技术企业绩效关系的理论假说

由于知识的非独占性，导致企业创造的知识不能被该企业独占，可以被其他企业无偿使用，在集群内部，某一企业通过创新和开发所获得的各种新知识，由于人员交流、技术合作、产品流通而外溢出去，整个企业集群的知识含量越来越高。对单个企业来讲，知识溢出效应使得创新企业的创新收益被分散，降低了边际收益。而当企业创新的边际收益为0时，企业创新的积极性也就不存在了。有些情况可能使创新者付出了高额的开发成本反而获取低于平均资金回报率的创新生产效率，这是企业集群对企业绩效的副作用。虽然存在知识溢出的副效应，但知识溢出的正效应却成为主流。企业一定程度的集聚就是尽可能减少知识溢出的负效应。由于知识的规模递增效应，集群企业之间彼此接近，则企业之间的信息交流或知识溢出可以给每一个企业都带来更多的收益。因此，知识溢出一定程度上成为产业集群的向心力。企业间的知识溢出可以降低企业获取创新资源的成本与创新的不确定性，提高企业的创新产出。正是由于知识的溢出作用和知识无成本的复制功能，使整个企业集群的知识含量越来越高，企业从事创新和开发的技术基础越好，这样创新的不确定性降低，创新成本减少，企业技术开发能力得到增强，知识的扩散速度也就越快，企业为顾客提供更多物美价廉的产品，在提高自身绩效的同时，也带来社会财富的增加。

企业在最初选址时，大多会选定在同行业知识存量高的区域，这点从我国通讯及相关设备制造业上市公司的位置可以看出来，在高知识存量的区域，高技术企业之间通过战略联盟，加速人才的流动、企业信息的交流、知识的共享与传播、设施的共享等为联盟内企业的知识及技术创新提供了适宜环境和强大动力。因此在同一区域内部，高技术企业面临的外部知识存量是相等的，所获取知识溢出的大小就取决于自身的学习能力，将新知识转化为产出就决定于企业的创新能力。知识溢出越大，高技术企业所需进一步创新的不确定性风险就越小，付出的创新成本就越低，企业的绩效就越好；反之，在付出自身知识的同时没能获取集群的知识，在同行竞争中将逐步被淘汰，绩效自然就小。

基于以上分析，提出如下假设：

假设5：知识溢出与高技术企业绩效之间存在正相关关系。吸收的知识溢出越多，企业绩效越好；反之，吸收的知识溢出越少，企业绩效就越差。

5.4.4　知识溢出与企业绩效的实证研究

以2014年通讯及相关设备制造业上市公司为例，画出知识溢出与绩效的关系图5－8，近似理解它们之间的关系，系列1表示17家样本的绩效，系列2表示相对应的知识溢出，从图中看出知识溢出大的上市公司，它的绩效也比较高，知识溢出与企业绩效的正向性关系明显。对它们之间的关系要做进一步的检验。

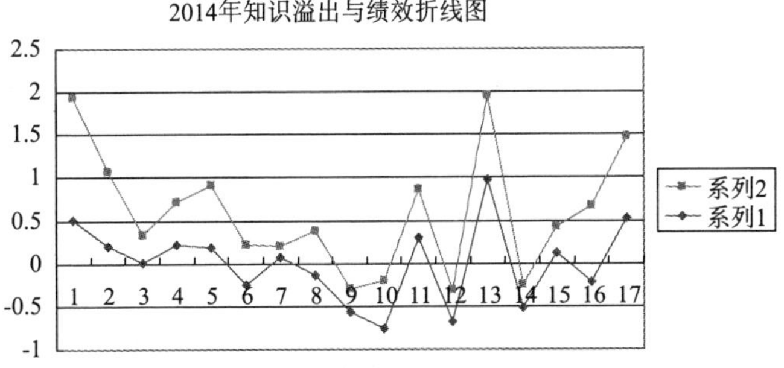

图5－8　2014年通讯及相关设备制造业17家上市公司知识溢出与绩效对应图

对通讯及相关设备制造业上市公司知识溢出与财务绩效进行回归分析，用 FP 表示企业的绩效，S 表示企业所获取的知识溢出，需建立并检验的回归模型为 $FP=\alpha+\beta S+\varepsilon$。

实证回归结果整理见表 5－6，建立的回归方程为 $FP=-0.31746+0.487581S$，F＝16.60514，$R^2=0.16671$，通过 $\alpha=0.01$ 的显著性检验，但知识溢出只能解释财务绩效变差的一小部分，说明企业的财务绩效受更多重要因素的影响。从回归系数看，知识溢出与财务绩效成正相关关系，且通过 $\alpha=0.01$ 的显著性检验，证实了假设 5，即知识溢出与高技术企业财务绩效之间存在正相关关系。吸收的知识溢出越多，企业财务绩效越好；反之，吸收的知识溢出越少，企业财务绩效就越差。

表 5－6　通讯及相关设备制造业上市公司知识溢出与财务绩效回归分析

回归统计	
Multiple R	0.408301
R Square	0.16671
Adjusted R Square	0.15667
标准误差	0.407891
观测值	85

方差分析	df	SS	MS	F	Significance F
回归分析	1	2.762682	2.762682	16.60514	0.000105
残差	83	13.80913	0.166375		
总计	84	16.57182			

	Coefficients	标准误差	t Stat	P－value
Intercept	－0.31746	0.089592	－3.54343	0.000651
X Variable 1	0.487581	0.119654	4.074941	0.000105

5.5　本章小结

本章首先对区域知识水平进行计算，基本采用 OECD 的方法，利用科技指标间接地反映知识存量，将指标划分为两种类型，一种是反映创新投入的指标，另一种是反映创新产出的指标。

其次，分析区域知识水平对微观企业知识溢出强度的影响因素，包括微观企业的知识学习能力、企业的创新效率、企业与所在区域的知识存量差距，溢出距离。

然后，对凯尼尔斯的空间知识溢出蜂巢模型原理进行分析探讨，在此基础上对假设进行修正和推导使其用于企业间层面的知识溢出研究。结合有关企业接受区域知识溢出的影响因素的分析，重新设立该模型的前提条件和假设。对模型中各参数的变化进行动态理论分析。

最后，进行知识溢出与高技术企业绩效关系的实证研究。采用统计性描述，发现我国通讯及相关设备制造业上市公司在地理位置上出现了一定程度的集聚，采用因子分析，计算各省际区域相对的知识含量，发现样本企业是在高知识水平的区域中集聚。利用新建的知识溢出模型，对企业的知识溢出水平进行测算。理论分析知识溢出对企业选址、自主创新、集聚效应的影响，从中得到启示：运输成本和知识溢出强度影响企业选址均衡；知识溢出正效应的存在，加速了技术在各企业间的交流和创新，获得溢出效应的企业缩短了技术创新的时间和成本，提高企业的生产效率；另一方面，自主创新受企业集聚程度与溢出强度影响，知识溢出强度越大，相互越靠近，等待对方知识溢出的动机就越强，因此，知识溢出负效应的存在，降低了高技术企业知识自主创新的积极性，在一定程度上抑制了整个经济的发展。企业集聚产生的两种力量博弈均衡必将是企业一定程度上的集聚，并非越集中越好。采用面板数据回归模型验证了知识溢出与企业绩效之间的正相关关系，但知识溢出并不是决定企业绩效的最主要的因素。

第6章 知识资本及知识溢出对高技术企业绩效贡献的实证研究

6.1　知识生产函数的由来及发展

知识经济时代知识以爆炸性速度递增，成为社会发展的主要支撑力，从而取代了资本的地位，这种划时代的变迁必将带来经济学的革命，在生产上也是如此。经济增长的主动力来自于知识的增长，所以仍然将劳动力和资本作为生产函数的两个基本要素来讨论是不符合时代发展需要的，特别是将资本作为讨论的主题更不符合知识经济时代的精神。与知识相比，资本在某种程度上已退化为与土地、劳动力相似的生产要素，它的增长速度在知识爆炸时代已经落后于知识的增长，相对于知识的使用而言，资本已退化为固定资产。这种变化给知识生产带来的是：生产不再依附于资本的数量，资本密集型生产在新的时代不再能够建功立业。取而代之的是知识密集型生产，这就赋予知识生产函数一个新使命，生产要素的组合中就必然考虑到知识的“泡沫”作用，即自我繁殖的功能。知识生产函数作为一个经济学概念是最近一二十年的事情。知识生产过程性质的确定是以有效地测量知识生产过程中的投入和产出为前提的。古典的知识生产函数本质上是一个两因素的 C－D 函数，经过学者们的分析和扩展，主要应用和检验分析区域知识流动产生的知识溢出效应对区域创新的影响，知识生产函数已经成为一个强有力的经验模型工具被广泛地应用于区域创新的研究，这种研究目前集中在发达国家。

6.1.1 知识生产函数的由来

格瑞里茨（1979）在度量研究开发和知识溢出对生产率增长的影响时提出了知识生产函数的概念，在知识生产函数模型中把创新过程的产出看作研发资本或人员投入的函数[144]，格瑞里茨的知识生产函数是：

$$Y = F(X, K, u) \tag{1}$$

上式中，Y 是宏观或微观水平的产出；X 是正常的生产投入向量，主要包括劳动力与资本；K 表示技术知识水平，部分由现在和过去的研发费用决定；u 是随机干扰项。技术知识水平由现在和过去的研发投入所决定，即：

$$K = G[W(B)R, v] \tag{2}$$

式中，$W(B)$ 是一个滞后多项式，B 是滞后算子；R 是研发费用；v 是随机误差项。沿着这个思路，格瑞里茨用 Cobb－Douglas 函数（简称 C—D 函数）形式对知识生产函数进行了具体的表述如下：

$$Y = DC^{\alpha} L^{\chi} k^{\gamma} e^{\lambda t + \mu} \tag{3}$$

杰费（1989）对知识生产函数的定义是一个分析区域知识流动（溢出）属性和检验其对区域创新影响的一个强有力的经验模型工具[145]。杰费将新知识的运用作为产出，将企业 R&D 投入和高等院校研究投入两个因素作为解释变量引入 C－D 知识生产函数，其表达式为：

$$P_i = AK_i^{\alpha} I_i^{\beta} \varepsilon \tag{4}$$

式中，下标 i 表示观察的单位（比如省）；P 代表经济上运用的新知识，用公司申请的专利数来表示；I 是企业 R&D 投入；K 是高等院校研发投入；A 为区域现有的知识存量；α,β 分别为高等院校研发投入和企业研发投入的产出弹性，ε 是随机误差项。模型（4）是一个企业 R&D 与高校科研投入的技术关系模型。

6.1.2　知识生产函数的发展

2000 年安舍宁（Anselin）用空间计量经济学模型扩充了知识生产函数，在模型中安舍宁引入了空间滞后模型[146]；2001 年费歇尔（Fischer）在知识生产函数模型中将区域内与区域间的溢出效应完全分离，并且考虑到了知识生产的时滞性[147]。2003 年格罗恩日（Greunz）将区域的地理媒介与技术媒介溢出相结合，在考虑地理溢出的同时融入了技术相邻指数，建立了混合知识生产函数模型[148]。格罗恩日指出企业区位选择标准：一是与技术领先的区域相邻；二是与技术层次相近的区域相邻。格罗恩日在混合知识生产函数模型中，将技术相邻指数与地理相邻指数进行加权，结果表明区域创新不仅取决于自身的研发投入，而且受到若干阶地理相邻区域的研发投入溢出的影响，另外还受到若干阶地理相邻与技术相邻溢出的共同影响。

6.2 知识生产函数的评价与展望

（1）知识生产函数的研究对象忽视了企业个体之间的差异。在知识生产函数计量方法与案例研究方法上，只关注“平均企业”，放弃了个案研究中的细节部分，比如具体企业规模、人力资本、实物资本与产业类型的差异。

（2）知识生产函数朝精细化方向发展。

Griliches，Jaffe 模型认为新经济知识是最重要的产出，企业追求新经济知识并将其投入生产过程，而投入变量则包括研发经费投入和人力资源投入，这就忽略了知识溢出对创新产出的影响；Romer 模型将任意给定时刻的新知识产出看作是现有的知识存量和研发人员投入数量的函数，并没有考虑研发经费投入的影响。

（3）费歇尔对 KPF 进行了精练，格罗恩日提出了混合的 KPF，为未来知识生产函数的发展拓宽了道路，在样本的区域划分上（如用经济区替代行政区）、地理距离的计量上（如用行业距离代替空间距离）、投入与产出的时滞性上、产业内与产业间溢出和区域内与区域间溢出区分上可以进行精细的计量分析，以此来拓展 KPF 的应用范围。

（4）当在社会科学、管理科学和组织科学中讨论知识生产时，它是复杂和非结构化的现象，但基于知识生产函数的研究却要求构造出这些现象的测度体系并进行测度。实际上，测度体系及其下属指标仅仅是抓住现象的一些特定方面，其能够在多大程度上对概念进行实际测度，主要取决于概念的界定、所选维度的完备性和如何利用指标来测量的相关问题。由此看来，有必要在深入分析创新过程多重投入和多种产出的特点及其相关性的基础上，通过对假设条件的重新界定和对参数的合理解释，形成知识生产函数模型的一般表达形式，以更好地揭示科学技术投入与产出之间的内在规律。为了更好地研究知识资本及知识溢出对企业绩效的影响，对生产函数进行拓展，对微观企业的投入和产出重新界定。

6.3　知识生产函数的拓展

从创新的本质规律上看，作为知识生产系统的企业或机构和区域、国家以及行业没有本质的区别，都可被视为具有多重投入和多重产出的复杂投入产出系统，对微观企业来讲，企业是将各种资源投入生产系统，在企业内部经过加工，生产，吸收，转换，生产出产品，产品实现销售，取得收入，产生利润，再投入生产，企业生产的循环过程，也是企业价值增值的过程。对企业的投入产出必须建立科学合理的测度体系，才可以使对企业生产系统的各资源投入和产出这一特定现象的精确评估成为可能，以进一步拓展知识生产函数的应用范围。本书研究的是企业知识资本及区域知识溢出对企业绩效的影响，因此知识生产函数中各指标的确定都是站在企业的立场上。

6.3.1　企业生产系统的投入资源

在学者的研究中，都把知识作为一个重要的投入纳入生产函数模型。在微观企业中，知识是企业特别是高技术企业的重要资本，按照知识的来源，一是来自于企业的内部，即企业的知识资本，二是来源于企业外部，即企业所接受的区域知识溢出。因此企业生产系统的资源投入主要包括物质资本，劳动力资本，知识资本、接受的区域知识溢出。

6.3.2 企业生产系统的产出

企业的目标是生存、发展和获利。力求保持以收抵支和偿还到期债务的能力，减少破产的风险，使企业能够长期稳定地生存下去，是对生存的要求；筹集企业发展所须的资金，是对财务管理第二个目标—发展的要求；通过合理有效地使用资金使企业获利，是对财务管理的第三个目标—获利的要求。对企业产出水平的测量，不能以企业的产品生产量来衡量，因为，生产量的大小只能代表企业的生产能力，并不能代表企业的获利水平。因此，以企业的最终目标为出发点，绩效代表企业的最终产出。

6.3.3 引入知识溢出的知识生产函数模型

改进柯布·道格拉斯的生产函数模型，把知识存量、知识溢出引入模型后生产函数表达式为：

$$P = AM^{\alpha}L^{\beta}K^{\gamma}S^{\sigma}e \tag{6.1}$$

P：企业绩效；

M：物质资本，可用资产总额表示；

L：劳动力资本，用年平均工资额表示；

K：技术水平（知识资本）；

S：区域知识溢出水平；

e：随机扰动项，为误差项；

A：为常数；

$\alpha,\beta,\gamma,\sigma$ 为对应投入的产出弹性。

在知识生产函数模型中，对于任一类投入，比如 K，其产出量的偏弹性为：

$$E_K = \lim_{\Delta T \to 0} \frac{\frac{\Delta P}{P}}{\frac{\Delta K}{K}} = \frac{K}{P} \lim_{\Delta T \to 0} \frac{\Delta P}{\Delta K} = \frac{K}{P} \frac{\partial P}{\partial K} = \frac{K \frac{\partial P}{\partial K}}{P}$$

公式（1）两边取对数

$$\ln P = \alpha \ln M + \beta \ln L + \gamma \ln K + \sigma \ln S + e \qquad (6.2)$$

将产出 P 对投入 K 求偏导：

$$\frac{1}{P} \frac{\partial P}{\partial K} = \gamma \frac{1}{k} \Rightarrow \frac{K \frac{\partial P}{\partial K}}{P} = \gamma = E_K$$

参数 γ 的含义是投入 K 的产出弹性，即代表每增加1%的 K 类资源投入，将有 $\gamma\%$ 的产出增量。

由于 P：绩效；K：技术水平（知识资本）；S：区域知识溢出水平；三个变量为相对指标，在将各解释变量纳入回归方程时，采用Kokko（1994）在分析墨西哥FDI溢出效应影响因素时采用的方法——将FDI与反映溢出影响因素的指标相乘以后作为解释变量进行回归[149]，参照类似的方法，本书认为知识资本、知识溢出要作用于一定的载体才能发挥作用，所以将绩效、技术水平、区域知识溢出水平分别乘以公司的总资产后作为解释变量进行回归分析。

6.4　知识资本及知识溢出与高技术企业绩效的实证研究

通讯及相关设备业上市公司知识资本、知识溢出在前面已经证实，这些变量与财务绩效单独回归存在显著的正相关关系，将影响企业绩效的多个要素结合在一起，验证高技术企业知识资本、知识溢出对企业绩效的贡献程度。利用知识生产函数公式（6.1）进行实证，两边分别取对数，然后再进行回归分析。为了显示各变量与财务绩效的关联度大小，本书对5年17家上市公司85个样本进行逐步回归分析。

6.4.1 变量间散点图分析

为了直观地反应因变量与解释变量之间的关系，利用SPSS14软件进行散点图分析。回归方程模型为公式（6.2），因变量为绩效的自然对数，解释变量为物质资本、劳动力资本、知识资本、知识溢出的自然对数，取自然对数可以消除异方差现象，将变量LN（财务绩效）依次与LN（物质资本）、LN（劳动力资本）、LN（知识资本）、LN（知识溢出）之间绘制散点图，结果如图6－1。从图中可以看出LN（物质资本）、LN（知识资本）、LN（知识溢出）与LN（财务绩效）之间有明显的线性关系，特别是知识资本、物质资本与财务绩效之间的关系更为明显，只有劳动力资本与财务绩效之间的线性关系不明显，由此可以判定建立线性回归方程是合适的。为了模型分析结果的准确性，将散点图上具有明显差异的两个点作进一步的分析，发现这两个点是上市公司出现了巨额亏损，这种异常的样本是应该剔除的。为了进一步验证16家上市公司5年数据80个样本变量之间的关系，需要通过模型进一步分析。

6.4.2 回归模型及结果分析

逐步回归分析的基本思路是，方程中的解释变量越多，预测的工作量就会越大，其中有些相关性不显著的解释变量会影响预测的效果。因此在多元回归模型中，选择适宜的变量数目尤为重要。逐步回归要求首先建立因变量财务绩效与解释变量物质资

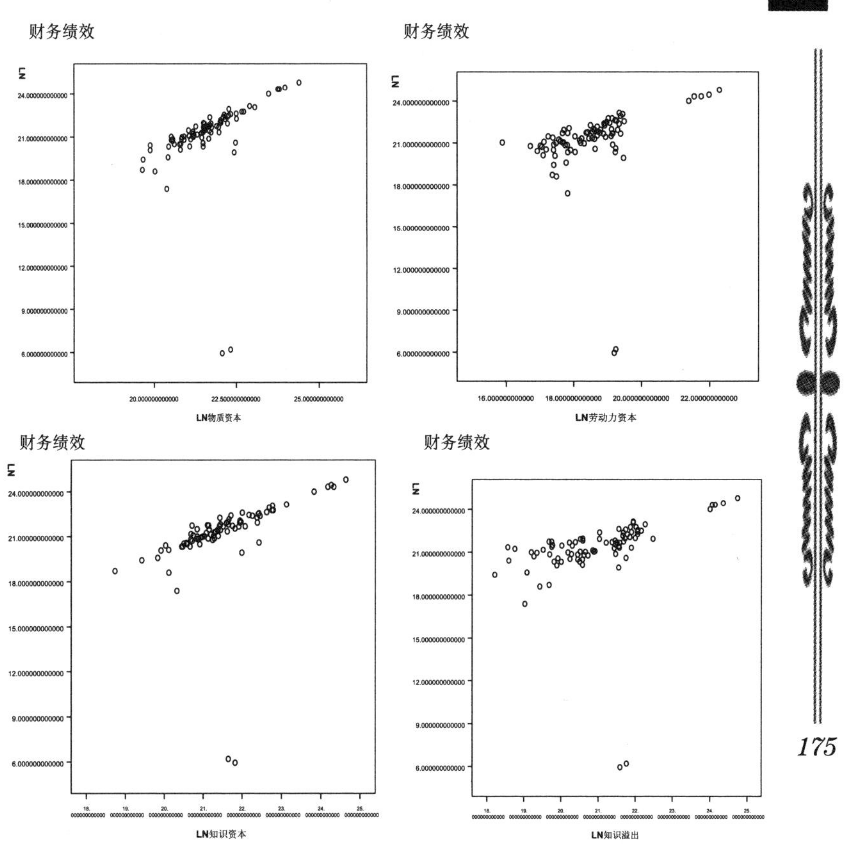

图 6－1　LN 财务绩效与各解释变量的散点图

本、劳动力资本、知识资本、知识溢出之间的最优回归方程，再按全部解释变量中对因变量的作用大小，显著程度大小或者说贡献大小，由大到小地逐个引入回归方程，而对那些对因变量作用不显著的变量可能始终不被引入回归方程。当增加一个解释变量时，应该重新建立多元回归方程。并对新引入的变量偏回归系数进行检验，只有通过 $\alpha=0.05$ 的显著性检验以及不影响原有变量的显著性水平，并能提高回归方程整体的回归平方和时，才能引入，否则剔除。回归方程包含的解释变量越多，回归平方和越大，剩余的平方和越小，剩余均方也随之较小，预测值的误差也愈小，模拟的效果愈好。逐步回归能够做到以尽可能少的自变量去达到尽可能高的拟合优度。

本实证采用逐步回归方法，具体回归模型见公式（6.2）。回归结果见表6－1至表6－5。

表6－1　　被引入回归方程的各变量

模型	进入变量	移除变量	方法
1	LN 知识资本	0.	逐步进入（标准：F < =.050 进入，F > =.100 移除）.
2	LN 物质资本	0.	逐步进入（标准：F < =.050 进入，F > =.100 移除）.

a 因变量：LN 财务绩效

表6－2　　拟合过程

模型	R	R^2	调整后 R^2	标准估计误差
1	0.907（a）	0.823	0.821	0.5312525490
2	0.917（b）	0.840	0.836	0.5081090900

a 预测变量：（常量），LN 知识资本

b 预测变量：（常量），LN 知识资本，LN 物质资本

表6－3　　方差分析表

模型		平方和	自由度	均方差	F 统计量	显著性水平 Sig.
1	回归	102.472	1	102.472	363.080	0.000（a）
	剩余	22.014	78	0.282		
	总计	124.486	79			

续表

模型		平方和	自由度	均方差	F 统计量	显著性水平 Sig.
2	回归	104.606	2	52.303	202.588	0.000（b）
	剩余	19.879	77	0.258		
	总计	124.486	79			

a 预测变量：（常量），LN 知识资本

b 预测变量：（常量），LN 知识资本，LN 物质资本

c 因变量：LN 财务绩效

表 6－4　　　　　　回归系数表

模型		非标准系数		标准系数	T 检验值	显著性水平 Sig.
		系数	标准误差	系数		
1	（常量）	－1.253	1.195		－1.048	0.298
	LN 知识资本	1.058	0.056	0.907	19.055	0.000
2	（常量）	－3.136	1.317		－2.380	0.020
	LN 知识资本	0.680	0.142	0.583	4.793	0.000
	LN 物质资本	0.464	0.161	0.350	2.875	0.005

a 因变量：LN 财务绩效

表 6－5　　　　　　移除变量

模型		回归系数	T 检验值	显著性水平 Sig.	部分相关性	共线统计
						公差
1	LN 物质资本	0.350（a）	2.875	0.005	0.311	0.140
	LN 劳动力资本	0.041（a）	0.500	0.618	0.057	0.342
	LN 知识溢出	0.098（a）	1.079	0.284	0.122	0.277
2	LN 劳动力资本	－0.127（b）	－1.351	0.181	－0.153	0.232
	LN 知识溢出	0.018（b）	0.198	0.843	0.023	0.247

a 预测变量：（常量），LN 知识资本

b 预测变量：（常量），LN 知识资本，LN 物质资本

c 因变量：LN 财务绩效

本实证的回归结果显示，知识资本首先进入总回归方程，对自变量斜率进行检验，回归系数通过 $\alpha=0.01$ 的显著性检验，且与散点图显示一致。对回归方程整体拟合性检验，通过 $\alpha=0.01$ 的显著性检验，$R^2=0.823$ 回归方程能解释因变量 82.3% 的变差，回归方程为 $\ln P=-1.253+1.058\ln K$，说明知识资本要素显著影响着企业的绩效。

第二个进入回归方程的变量是企业的物质资本，物质资本进入回归方程后，回归方程整体的回归平方和由 $R^2=0.823$ 增加到 $R^2=0.840$，且知识资本、物质资本都通过 $\alpha=0.01$ 的显著性检验，物质资本对企业的绩效具有明显的正相关关系。第二个回归方程为 $\ln P=-3.136+0.680\ln K+0.464\ln M$。逐步回归最终结果是知识溢出和劳动力资本没有进入回归方程，因此建立的最终回归方程是 $\ln P=-3.136+0.680\ln K+0.464\ln M$。

将散点图与最终回归模型结果对比，发现直观上与绩效具有明显线性关系的知识资本、物质资本在回归模型中得到了反映，而知识溢出、劳动力资本与企业绩效没有通过显著性检验，进一步分析，发现物质资本、劳动力资本、知识资本、知识溢出之间存在强相关关系，相关系数表见表 6－6，说明自变量之间具有多重共线性，在多元回归中，若自变量之间相关程度很高，将使最小二乘法失效，使得回归方程中参数变为不确定并无法求得参数的估计值。统计理论将这种现象称为多重共线性。由于多重共线性的存在，会削弱自变量对因变量的单独效应，甚至改变原自变量与因变量的经济关系，出现与实际经济意义不一致甚至相反的结果，导致预测失败。逐步回归可以对具有多重共线性的变量进行筛选，选出与因变量最直接关联的变量进行回归分析。因此本回归结果劳动力资本、知识溢出虽然没有引入回归方程，但它们对绩效的贡献应具体分析，从相关系数表看出，知识溢出、劳

表 6-6　LN 财务绩效与解释变量之间的相关系数

		LN 财务绩效	LN 物质资本	LN 劳动力资本	LN 知识资本	LN 知识溢出
LN 财务绩效	相关系数	1	.890(**)	.750(**)	.907(**)	.799(**)
	显著性水平（双尾）		.000	.000	.000	.000
	样本量	80	80	80	80	80
LN 物质资本	相关系数	.890(**)	1	.877(**)	.927(**)	.853(**)
	显著性水平（双尾）	.000		.000	.000	.000
	样本量	80	80	80	80	80
LN 劳动力资本	相关系数	.750(**)	.877(**)	1	.811(**)	.764(**)
	显著性水平（双尾）	.000	.000		.000	.000
	样本量	80	80	80	80	80
LN 知识资本	相关系数	.907(**)	.927(**)	.811(**)	1	.851(**)
	显著性水平（双尾）	.000	.000	.000		.000
	样本量	80	80	80	80	80
LN 知识溢出	相关系数	.799(**)	.853(**)	.764(**)	.851(**)	1
	显著性水平（双尾）	.000	.000	.000	.000	
	样本量	80	80	80	80	80

** 在双尾检验 $\alpha=0.01$ 的显著性水平下相关性显著。

* 在双尾检验 $\alpha=0.05$ 的显著性水平下相关性显著。

动力资本与物质资本、知识资本正相关系数偏大，说明劳动力资本、知识溢出通过物质资本、知识资本间接作用于企业的绩效，知识资本、物质资本综合反映了这些变量的信息。

从实证研究结果发现，物质资本在我国通讯及设备制造业高技术上市公司绩效中仍然扮演了重要的作用，知识资本与物质资本之间具有强相关关系，可以解释成知识资本需要作用于一定的物质资本载体才能发挥作用，知识资本的整合利用具有明显的规模效应；本研究同时表明劳动力资本与物质资本之间具有强正相关关系，对于资产规模大的企业，总体支付的工资额就高，管理单位资产的工资在通讯设备制造业上市公司差别不大，这就说明了用来支付给职工的报酬与职工的工作付出正相关，同样资产规模的企业，员工越少，员工个人的平均工资水平就高，这也体现了在行业内部按劳分配的原则。同时也反映了企业对人才的竞争机制，企业要想留住关键人才就必须为其提供一个发挥最大才能的组织环境和工作安排，提高个人报酬，因此适合的组织资本是留住核心人才的关键；知识溢出与物质资本、劳动力资本有明显正相关关系，说明发挥高技术企业的规模效应，提高劳动力资本水平能促进企业吸收区域的知识溢出，较高的劳动力资本水平也能加快技术的转化，缩短知识溢出效应的滞后期，为企业绩效服务。高技术企业的发展，更多依赖于企业所拥有的知识资本，从实证结果分析，知识资本高的企业所接受的知识溢出也多，企业吸收的知识溢出逐步再转化成企业的知识资本，如此形成良性循环。总之，企业知识资本高，知识溢出强度就大，企业发展越快，绩效也大；众多企业组成的区域的资本份额也就越大，资本向该区域集中，市场规模得以扩大；资本的集中降低了新资本生产成本，因而会生产出更多的知识资本，最终形成创新中心。企业的发展与区域知识水平形成累计的因果关系。

6.5　提升高技术企业绩效的对策建议

6.5.1　重视人力资本投资，留住关键人才

（1）确立“人才资源是第一资源”的全新理念。本书的实证结论明确了人力资本对企业绩效的正向作用，人力资源的管理贯穿整个知识管理的始终，离开了人力资本，组织资本、关系资本将失去存在的基础，这点可以从三者之间互动关系体现出来。而且在高技术企业人力资本直接作用于企业的知识吸收能力，所以高技术企业人力资源的核心能力必须树立。面对全球化和信息化国际人才资源的激烈竞争，发达国家都在为新世纪培养和争夺以知识型员工为代表的高新技术人才，美国明确提出要培养“21 世纪的美国人”的口号；日本提出培养“世纪通用的日本人”的口号等。因此，21 世纪的竞争实际上是人才竞争。我国高技术企业在这个新的、充满机遇和挑战的世纪，要充分认清形势，牢固树立人才是“第一资源”、“第一资本”的观念，充分认识到在世界经济的竞争中，人才正成为最重要、最宝贵的资源。

（2）提高整体人力资源素质。Ostroff（2000）对各学者的研究总结发现，人力资源实践和企业绩效之间存在普遍相关性，然而这种相关性和公司的竞争战略有关[150]。本书也在实证部分证实员工的受教育程度和能力增长与公司绩效正相关，因此，提高公司人才资源的整体素质，吸引和留住优秀人才，对提高高技术企业的绩效有重要意义。公司的员工处于自身利益考虑，更注重自身的成长而非公司目标的需要，因此，公司应注重员工个人意

愿的引导使其与公司愿景保持一致，应该注重公司文化建设，加强对员工的人力资本投入，建立健全人才培养机制，为公司的员工提供后续教育和不断提高自身技能的学习机会，公司不仅仅要为员工提供一份与其贡献相称的报酬，使其分享到自己所创造的财富，而且要充分了解员工个人的发展需求和职业意愿，为其提供适合其要求的上升道路。最终员工能够清楚自己在组织中的发展，从而有动力为企业尽心尽力地贡献自己的力量，与组织结成长期合作、荣辱与共的伙伴关系。

（3）积极扩建利益相关者会计理论，促进人力资本的会计核算及有效披露。对高技术企业绩效的衡量是基于利益相关者的综合绩效，那么会计报表上也应该反映出利益相关者的信息。首先，积极构建利益相关者会计，拓展现行的会计恒等式。按照“资产＝物质资本所有者权益＋人力资本所有者权益＋其他利益相关者权益”来重新构建会计恒等式，使财务会计系统不仅能够反映和披露那些产权明确归属于物质资本所有者的资产信息，还能够反映和披露那些产权无法归属于物质资本所有者的智力资本信息。其次，放宽现行的要素界定和会计确认标准。对依附于员工个体的技能、管理能力、员工的可塑性等应建立明确的账户体系和入账依据，使人力资本能够得以合理入账。再次，建立多维的计量和报告模式。以货币计量为基础，建立多维的会计计量模式，促进人力资本信息的充分披露。应按照“资产＝物质资本所有者权益＋人力资本所有者权益＋其他利益相关者权益”来构建一种全新的“资产权益表”，左边反映企业的各类资产不管其产权最终可以明确归属于物质资本所有者还是归属于人力资本所有者，右边则反映各个利益相关者团体在企业的权益。在此基础上，还要增加表外定性信息的披露，充分反映和披露那些无法量化的人力资本信息。在这种全新的计量和报告模式下，人力资本信息可以得到充分的反映和披露。对高技术企业来讲，规范的人力资本属性和计量标准，能提供企业不同时期人力资本的动态评价和能力增长，也利于不同企业之间的横向比较，设立规范的人力资本账户，便于企业对人力资本进行有效的管理。使研究者之间的结论不会因为指标差异及计量差异引起分歧。

（4）建立高管人员的报酬与企业绩效的联系，激励高管能力的发挥。在知识经济时代，高新技术企业企业家的管理素质不仅成为企业和国家发展的最为宝贵的资源，而且成为企业价值增值和长远发展的关键性人力资本。本书的实证显示国有法人控股的高技术上市公司高管人员报酬与绩效正相关，但另外一些上市公司却呈现了负相关关系，形成了全部样本高管人员的报酬与企业绩效关系不显著的结果。同时也说明了国有法人控股上市公司与其他控股上市公司社会收入的不公平，其他法人和个人控股的上市公司中高管人员的报酬没有与企业绩效相匹配，高管人员的能力没有有效激发出来。因此，必须在同行业内形成公平的社会分配机制，规范国有控股上市公司的薪酬制度，从政策监管上不妨规定一个薪酬的上限，或对高额收入提高税收比例等约束政策，防止因企业所有制性质不同导致的薪酬差异；另外其他法人和个人控股的上市公司，应积极建立薪酬分配制度，可以采用股权激励的方法、工资加奖金或年薪制形式，使高管人员的薪酬与企业的绩效挂钩，在其他法人和个人控股的上市公司可适当增加高管人员报酬，使高管与普通员工之间薪酬比例增大，激励高管人员的能动性，使个人价值的实现与企业目标同步。

首先，加强高管团队成员间的团结和协作。从高管团队规模与绩效的关系上看，呈现倒 U 型关系，说明团队规模存在一个合理的范围，但多大为合理，却因时因地因人而异，规模大小要看成员间团结和协作的效率。一个高效的管理团队可以提高决策效率，抓住机遇，勇于创新。无论团队规模的大小，企业所有者性质和行业的区别，都应该将团队协作能力放在首位。事实上，一个企业的管理制度制定的再完善，分工再明确，也只是完成了高管团队有效的30%，而另70%则取决于高管团队的协作完成，团队成员间应取长补短，团结协作才能真正发挥高效率。另外在团队成员的组成上，应考虑女性高管所发挥的作用。

其次，提高高管团队的知识水平和专业技能。高管团队的整体知识水平越高，会使企业在复杂的的经济环境下有很强的分析和决策能力，为企业带来正确的决策。其教育水平影响团队整体素质，影响其价值观和行为取向。教育水平越高，他们在校接受的道德伦理、价值观、社会服务、环境意识、公益慈善的熏陶就越长，在实践中越容易具备长远发展的眼光，将自身价值、企业价值和社会价值的实现融为一体，积极履行社会责任，立足企业，服务社会。因此，企业要鼓励高管人员继续深造，提高自身素质和职业素养。高管团队成员专业技术职务越高，说明其专业能力和在其专业领域取得的成就更高，能更深入、更具体地作出管理决策。

再次，建立高管人员的报酬与企业绩效的联系，激励高管能力的发挥。实证结果表明，上市公司高管团队短期报酬与绩效正相关，而本期长期股权激励与社会绩效并没有形成显著的相关关系，进一步研究发现长期股权激励给社会绩效带来的时间滞后期为3年，因此，从公司的长远发展来看，应重视对高管团队的长期激励。积极建立一套行之有效的薪酬分配制度，可以采用股权激励、工资加奖金或年薪制等形式，使高管人员的薪酬与企业的绩效挂钩，激励高管人员的能动性，使个人价值的实现与企业目标同步。

最后，建立健全科学的高管业绩考评体系。科学健全的绩效考评体系应该对高管的产出具有引导性，对其行为能够产生影响，对组织战略具备关联性。一方面要明确规定高管社会绩效的考核内容，使其能够有章可循；另一方面是要建立科学的高管业绩评价指标及体系，建立科学具体的绩效考核体系。方便高管评估自己和他人的绩效，真正做到科学、合理、公平、有效、可行。

6.5.2　整合组织资本，提高高技术企业绩效

知识资本是高技术企业的战略资源，企业的知识资本离不开企业组织环境，由于它具有难以模仿、高增值的特征，故组织资本能使企业保持持续竞争优势，成为企业生存和发展的决定因素。

（1）提高企业的创新能力。创新是人类的一个永恒主题，是人类社会发展的根本动力。企业特别是上市公司是各行业的支柱企业，它们的创新能力关系到所在行业甚至国家的技术创新能力，因此从国家的角度而言，大力支持企业的技术创新活动也是非常必要的。由于创新技术的不确定风险存在，高技术企业研发投入的人力物力等各项资源在短期内会影响企业的费用，从而影响企业的短期利润，在经过一个较长的时期才形成企业创新能力的核心竞争优势，直接或间接的国家激励是必须的，我国政府目前对于企业创新活动的支持包括税收优惠、财政补贴、专项拨款以及组织产学研合作等。企业在国家政策扶持的前提下，加大科研人员的投入，合理分配及利用研发费用，在企业内部形成专有技术及专利，提高企业的创新资本，促进企业绩效。从企业角度看，没有创新就没有知识的生成与应用，没有知识资本与资本的嫁接运营，就没有企业价值的增值。人的创新能力是创新的灵魂，企业是创新的主体，企业家是创新的组织者，因而实现创新

管理，就是要以人为本，推进知识创新、技术创新，使企业通过知识资本与其他资本的结合，形成自主创新的能力，为企业的后续发展铺垫雄厚的知识基础，全面实现企业的价值。

（2）提高企业组织及员工的管理效率。企业组织内部要建立一个有利于员工创造、交流、检验知识的宽松环境；形成便于内部沟通交流的内部信息网，便于员工对组织内的知识共享；制定各种激励政策鼓励员工进行知识交流；利用各种知识数据库、专利数据库存放、积累知识；对员工的管理水平要有一个充分的估计，并配备相应的硬件环境，激发员工的管理潜力，鼓励员工在企业内部进行个人创业，促进知识的应用；在企业内部建立学习小组，科研团队，建立实际意义上的学习型组织，而不是只有宽泛的管理幅度。

（3）要求高技术上市公司充分披露研发费用支出。研发费用支出在我国目前会计报表中的列报分为两部分，一部分予以资本化列为开发支出，在达到可使用状态时转为无形资产；另一部分直接费用化，列为管理费用。报表使用者无法获取当期研发支出的具体信息，为了企业评价研发支出的效果，应要求企业在会计报表的附注中详细披露研发费用，如在管理费用明细中披露研究开发费用，在报表附注中披露公司自有专利数等知识管理创新情况及其在行业中的核心竞争力等；加大信息的透明度和公开化。

6.5.3 重视关系资本，培育合作关系网络

创新是高技术企业发展的根本推动力，著名学者弗里曼在研究技术创新究竟是技术推动还是市场推动这个问题上指出，任何创新理论必须把技术创新看成技术发明者和技术应用者合作联动的产物。重视关系资本，与上游供应商和下游客户建立纵向技术

创新网络。拥有良好客户关系的企业能从客户处及时地获得需求信息的变化，了解到需要解决的问题，从中发现创新的可能性，这是技术创新思想的一个重要来源，而且企业还能够通过较多的订单来降低技术创新的风险，提高技术创新成功的概率，从而推动创新活动。进而发展出以技术创新为目的的合作关系网络。实践表明，企业在技术创新的过程中频繁地与相关企业或组织发生联系，交换信息、知识等资源，在这个网络中，社会资本扮演着重要角色，对技术创新有着正向的积极影响，因此，企业应对其给予足够的重视，在积累创新所需的物质资本、人力资本的同时，大力积累社会资本。

市场竞争的激烈化使企业间竞争的焦点转向对有限客户的争夺，保持客户的稳定性越来越困难，但又越来越重要，为争夺忠诚的、优质的客户关系也成为了企业竞争的一个新目标，全球范围内客户关系管理（CRM）理论与实践也迅猛发展起来，可见，客户成为企业生产经营活动的中心，客户关系被视为企业重要的资产和资本来加以经营与运作，正是在近年来企业面临的生存环境急剧变化、竞争不断深化的情况下，客户这一因素和资源对企业生存发展的影响作用日益突出的重要体现。

6.5.4　正确对待知识溢出，加强自身创新能力

高技术企业吸收的知识溢出可以增强企业的知识资本水平，提高企业的创新能力，对企业绩效有促进作用，但是企业在吸收区域知识溢出的同时，也在以自身知识的外溢为代价，企业必须在吸收知识与外溢知识之间寻求平衡，过度的知识溢出会降低企业创新的积极性，因此企业内部，国家宏观政策方面都要采取一定的措施，防止这种现象发生，促进企业集群的创新。

（1）制定和完善鼓励高技术企业技术创新的政策和措施

高技术企业面临很大的创新风险，为了鼓励创新，政府应当为高技术企业提供如优先或低息贷款、补贴、以及财政保障等方面的政策支持。对于一些关系到产业生存和发展的项目，政府甚至可以直接投入资金。在创新成果转化和市场化运作的过程中则可以提供税收减免，市场准入等方面的优惠政策。如法国政府规定，研究开发经费连续 3 年超过企业年收入 50% 的，可以享受最高 1000 万法郎的税收减免；在新加坡，政府对从事研发的企业提供开发经费 50% 的财政补贴。这些都大大刺激了企业的创新积极性。我国对企业的研发支出给予了税务优惠，但在资金的扶持上还没有明确的支持。

（2）加强知识产权保护

确立企业的技术创新主体地位，要让企业成为区域技术创新的主体。改变我国技术创新和科技成果转化过程中“模仿的多，独创的少，引进吸收多，自主创新少”的不良局面。鼓励企业自主创新，促进企业成为区域技术创新和研发主体。同时，引入风险机制和合理分配机制，激活技术创新源头，加强知识产权保护的执法力度，规范专利行为，增加知识被模仿的难度和成本，调动科技人员发明专利的积极性。保护知识产权的目的是维护企业的创新利益，激发企业创新的积极性。如果企业赖以生存的专利和专有技术完全溢出，其拥有者就失去了根基，创新成本无法收回，必将丧失创新的积极性。因此，对不同类型的创新提供不同强度和时限的保护，打击侵权行为，将溢出控制在合理的范围内。对一些无法控制其溢出的重要创新，政府应给于必要的补贴，保证企业创新的积极性。

6.5.5 联合技术和知识资源，促进企业合作创新

随着技术复杂程度的不断提高和不同技术之间交叉融合的趋

势日趋明显，一个企业不论其规模有多大，技术实力如何雄厚，技术涉及的领域如何宽广，它都不可能同时具备技术开发所需的各个领域的技术能力，这将是制约单个企业从事重大技术创新活动的瓶颈。合作创新是克服这种瓶颈制约的最有效途径。

（1）加强与高等院校和科研机构的合作

产学研合作是许多高技术企业采用过的一种合作创新方式，它是企业获取隐性知识、提高技术创新能力的一种重要途径。前面已经证实，高技术企业在一定程度上呈集聚势态，而且集聚在知识存量较高的区域。进一步分析，样本公司都分布在省会城市及发达城市。区域知识大部分源于科研院所的技术、发明、专利和创新，它们是知识经济的驱动者，上市公司除了获取高水平的知识溢出外，还有一个重要原因就是便于和科研院所联合。高等院校和科研所掌握了相关领域的前沿理论知识和技术，却缺少资金、管理经验和市场转化条件，无法将这些知识直接转化为产品和劳务。因此，企业与高校及科研所的技术合作，不仅企业取得所需的知识技术，而且高校及研究机构的科研成果在实践中得以检验。产学研合作创新中，合作双方的知识具有明显的互补性，大学、科研机构等属于知识创造部门，企业虽然也有自己的研发部门和人才，但其更侧重于技术的转化，这决定了合作双方目标的差异性，也有利于双方的知识互换。即企业直接面对市场及消费者通过新技术的应用获取经济利益；而大学、科研机构通过企业将科研成果进行转化，更看重创新所带来的知识长期的积累和进步，以及学术上的成就。因此，在知识的转移上，大学、科研机构等有公布最新科研进展的倾向，也更乐于和合作伙伴分享知识，促进新技术的转化，从而有利于隐性知识的转移。对于企业，由于与高校科研院所之间不存在市场的竞争，更倾向与他们建立长期的合作关系，充分吸收和利用他们的知识溢出，这种合作方式是上市公司特别是大型上市公司较多采用的合作创新方式。

(2) 与企业间的合作创新

同行业企业面对同一消费市场同一消费群体，他们之间是相互竞争的，包括市场的竞争和技术的竞争，因此企业之间的横向合作，更多的是获取显性知识，隐性知识转移作用不大。企业之间的合作目的是实现优势技术互补、增强自主研发能力，提高技术创新的速度，提高现存组织的竞争力，更关注合作伙伴互补性显性知识的交换。这种合作关系的常见形式是技术准联盟，签约各方约定在一定的市场内彼此专利共享，目的是形成行业的技术标准，保持自身的优势，并排斥后来的进入者等。这种合作方式中，双方实质性的技术开发中合作较少，从而隐性知识交换较少。这样的合作，主要在于一方看中了另一方的专利或专有技术，而另一方则需要对方的资金和设备支持。

(3) 加强与客户的合作

企业的客户包括产品的消费者和分销商。消费者等所反馈的意见对企业产品、服务的改进有很大的影响，有时顾客是企业突变创新的重要知识源泉之一。顾客的意见，尤其是高的消费群体的满意程度及分销商等的支持，有利于企业培养固定消费群体，锁定市场份额，减少交易成本，甚至有利于新创意的产生。与客户的合作减少企业的营业费用，提高沟通的效率，增强企业的关系资本，企业也在与外部的交往中获取了知识溢出，进而提高企业的绩效。

通过以上措施，高技术企业要充分重视知识资本的作用，正确对待知识溢出，提高自主创新、合作创新的效率，促使企业稳定健康地发展，在各区域内形成以上市公司为龙头企业，利用知识溢出和经济辐射作用，带动地区经济发展，在区域内部形成产学研相结合的知识创新和积累环境，提高区域整体知识水平，使区域内高技术企业能获取更多的知识溢出，提高自身知识资本，提高企业的绩效，实现整体经济持续稳定快速的发展。

6.6　本章小结

本章对知识生产函数的由来和发展进行分析，并由此作出评价和进一步应用的空间，将知识生产函数应用于微观企业层面，以企业的绩效作为最终产出，将物质资本、劳动力资本、知识资本、知识溢出作为企业的投入变量，建立可行的知识生产函数模型，并以我国通讯及相关设备制造业上市公司为样本进行了实证分析，研究结果显示知识资本是高技术企业绩效形成的最主要因素，物质资本对高技术企业绩效的形成仍然有重要作用，知识溢出、劳动力资本与知识资本、物质资本具有强相关关系。劳动力资本、知识溢出通过物质资本、知识资本间接作用于企业的绩效。本章最后，在理论与实证分析结果的基础上提出了提升高技术企业绩效的对策建议。

第7章 提高知识资本，促进知识溢出，完善知识治理激励机制的建议

随着中国经济步入新常态，高科技企业创业绩效模式主要依靠知识的创造和共享来达到成功，这些知识资源只有在组织中共享整合，知识治理才能发挥最大效能。高技术企业以知识资本投资为主的消费观念正在形成，随着知识付费平台应运而生，知识共享模式也在发生变化。如何提高高技术企业知识资本，促进企业内部的知识分享，特别是如何设计有效的知识分享激励机制，成为知识管理学术界和实践界的重要议题。源于人们对于知识分享行为的本质属性尚存在诸多争议，从经济学的角度分析，知识作为一类资源，能给独占者带来潜在的经济收益，因此，知识分享完全可以类似于“商品交换”，通过货币奖励或补偿的激励方式，促进知识分享市场的“繁荣”；来自社会心理学派的学者则认为，知识分享并非简单的

“商品交换”行为，由于信息的严重不完备和不对称，知识分享更像是一类由分享者自由意志决定的“角色外”行为，基于明确契约的外部奖励制度很难发挥实质性的影响，促进企业员工参与知识分享，更多依赖于与分享活动本身相关的内部激励。上述两类观点使人们意识到，对于知识分享这类特殊行为，在激励机制设计时，需要综合考虑来自外部和内部的影响，即显性的物质激励因素和内在的社会心理激励因素，建立多角度、全方位的知识治理激励机制，可以极大地推进人们对于企业内部、外部的知识分享激励机制的认识和理解。

7.1　建立高技术企业自主创新及内部知识共享激励机制，提高企业知识资本

7.1.1　企业内部员工之间知识共享激励机制

由于知识的稀缺性、隐蔽性、难于编码等特性，导致知识共享过程中经常出现“搭便车”、虚假接受、被动应付等不尽如人意的现象，因此，如何针对知识固有的特点，制定切实可行的激励机制，促使组织成员真实地将其有自身价值的知识与其他成员共享就显得尤为重要。在今天这个知识象征着能力、资本的时代，怎样才能使知识拥有者愿意将其拥有的宝贵知识拿出来与其他员工共享，是值得每一位组织管理者深思的问题。企业内部知识转移者、知识接受者、企业三方在知识共享过程中的互动关系，在帕累托最优前提下，企业、知识转移者、知识接受者三者的期望最大收益，显然企业是知识共享活动中的最大受益者。企业作为规则（机制）的制定者，理应更有积极性地来促进员工

参与知识共享；其次，无论知识转移者还是知识接受者，他们均是属于企业的个体，因此，知识共享是一种组织行为，最终应由企业来“买单”；最后，企业应该建立合理的激励机制，有效监督知识共享过程的情况下，做到公平合理地在员工之间达到有效的知识共享。企业内部知识共享活动的成功不仅依赖于少数知识转移者的努力，更有赖于企业通过各种途径让更多的员工产生知识需求，并有能力、有积极性地参与到知识共享活动中去。另外，通过对知识转移者与知识接受者之间期望收益关系，知识转移者的期望收益与知识接受者的评价值直接相关。因此，对于知识转移者来说，其共享知识的意愿不仅取决于组织的激励力度、知识转移成本等因素，同时也与对知识接受者的信任程度有很大关系，尤其是当知识接受者面临多个评价选择时，知识接受者是否愿意“让利”，是否可能在不影响自身收益的情况下做出对知识转移者不利的评价等，都是制约知识转移者共享行为的关键因素。因此，相互信任、合作的组织文化也是促进员工之间知识共享行为的又一重要方面。企业内部员工在知识共享过程中，仅有物质激励是不够的，必须将多种激励措施结合起来、互为补充方能取得良好的激励效果。

企业的发展离不开员工的共同努力，影响员工工作努力的有岗位晋升、报酬水平、职业发展、工作认可度、彼此信任度、工作和谐度等因素。于普通的企业员工而言，次之于薪酬激励，职业发展激励也深刻影响着员工工作的努力程度。所以，企业激励机制的设计要做到职业激励与精神激励的结合。特别是“领导年轻化”时代，提升企业员工，尤其是企业年轻员工的职业上升空间，对激发企业员工活力与创造力，增强企业绩效具有重要意义。为此，要强化对企业员工的职业激励、赏识激励与情感激励，以不断挖掘员工的制度执行力。自我激励与他者激励的协同融通，可以在企业内培育出一种责任感意识，最终激励企业所有员工奋发有为、不断创新，为企业经营发展群策群力、共谋企业经营绩效的提升。

7.1.2 加强自主创新，建立科研人员参与科技成果转化收益分配的激励机制

高技术企业要完善公司治理结构、建立健全治理机制，在企业内部制定科研人员参与科技成果转化收益分配的激励制度，完善效率与公平兼顾的分配机制，调动科研人员的积极性。制定政策，鼓励其吸纳高新技术及主要科技人员进入企业，赋予科研人员企业股权和控制权，将科研人员与科技成果共同转化为企业的核心竞争力。

首先，制定政策，正确处理好职务科技成果在企业及科研人员之间的关系。建议我国将职务科技成果的专利申请权给予科研人员，同时规定企业享有优先受让权和非独占的实施权。将专利申请权赋予科研人员的方式，能够限制单位对职务科技成果的权利；赋予单位科技成果的优先受让权和非独占实施权，能够达到企业与科研人员的利益平衡。保障科研人员职务科技成果的权利，建立科研人员对科研成果的分配激励机制，将职务科技成果的专利申请权和专利所有权在企业与个人之间进行分配，能够有效保障科研人员的技术权益，实现科研人员的激励。因此，鼓励企业与个人通过制定优先转化约定和收益分配方案等利益约束机制，来确保科研人员分配激励举措的实施。我国应该放开企业科技成果的优先实施权，采用非独占实施权等方式来鼓励企业与个人就科技成果转化展开竞争，鼓励拥有知识优势的科技人员实施并主导科技成果的转化。当然，无论企业或者科研人员实现了科技成果的转化，都应保障另外一方的技术权益。

其次，量化科研人员分配激励，在成果完成企业和科研人员之间建立和谐的收益分配机制是激发法人和个人积极性和创造性的关键。在法人治理机制层面上，制定科研人员分配的议事规则、决策规则，形成科技人员参与收益分配的法人治理机制。同时，完善科研人才长期激励机制与产权制度，注重创新收益与创新贡献的协调，体现科技创新的长期性。科研人员分配激励的量化规则应充分考虑个人和企业的利益平衡，既保障科研人员的收益分配权，又要保障企业的技术权益；要避免企业对科技人员技术权益的侵占，也要避免科研人员对单位权益的侵占，导致企业技术权益损失。成果转化收益分配可以采用如下模式：一是固定比例分配模式，即企业、科研人员等按照固定比例分享科技成果转化的收益。二是累进递减模式，即随着科技成果转化收益数额的递增，科技人员收益分配的比例逐渐递减。

再次，在高技术企业内部建立研发投入与产出、成果转移转化收入的会计核算体系，精确核算研发成本，确认科技成果转化收益，为科技人员收益分配建立公正、合理的管理会计基础。企业加强与科技行政部门及财税部门的政策法规协调，对研发经费给予税收减免；严格执行科技人员税收优惠政策，对科研奖金收入给予一定比例的个人所得税税收减免；在税收政策上实现政府对技术创新的鼓励、支持和引导。

最后，充分发挥市场配置资源的基础性作用，探索把法人创新主体和科研人员的积极性、创造性紧密结合起来的科技成果转化收益分配方案，紧紧捆绑个人和法人的利益，完善科技成果转化的市场机制。完善市场导向的科研人员参与科技成果转化收益分配的激励机制，科研人员参与科技成果转化收益分配激励的经济基础是科技成果的成功转化，建立有利于科技成果转化的技术市场体系，是实现科研人员价值的基础。在微观层面上科技成果中的隐性知识占比会影响成果转化中科技人员的参与程度，应该考虑科技成果中隐性知识与显性知识的占比，积极探索科技成果的转化方式和科技人员分配激励的实现方式。高技术企业建立与技术服务中介机构的联系，搭建开放合作的技术交易服务平台；鼓励社会资金投资建立知识产权评估机构等技术中介组织，特别是要建立标准化的价值评估模型与评估程序，让科技成果在科技市场成功交易。

7.1.3　平衡高管的短期激励及长期激励

徐伟（2016）在对国有控股公司控股方行为及其治理绩效实证研究中指出，高管激励机制对公司市场价值的提升具有显著影响，在创新投资方面，高管激励机制对 R&D 投资的促进效应尤其显著，在促进企业创新投资的过程中，应该加大对高管的激励，使经营者愿意为公司长远利益而承受风险[152]。高管薪酬激励就必须要求高管的薪酬水平和经营业绩挂钩，而公正科学地衡量高管的经营业绩水平就需要引入科学规范的公司治理。现行的高技术企业高管薪酬结构以短期激励为主，应当适当地引入中长期激励机制，引导高管关注公司的中长期目标。在设计企业激励机制时，要强化多种激励措施的有效结合。激励高管努力工作的因素有政治前景、价值观导向、长期薪酬、领导力提升、组织力水平以及社会资本等，也就是说，要他们努力工作提升企业绩效，不是哪一方面激励的结果，而是各方面激励的合力使然。从物质到精神，从工作报酬到工作环境，各种激励都不能偏废，否则都将无法达到绩效机制效果的有效化与最大化，而致使激励机制流于形式，无法着力；还要强化对高管的职业激励、赏识激励与情感激励，以不断挖掘高管的领导创新力；强化高管激励与员工激励的融合与融通，实现自我激励与他者激励的协同互促。自我激励与他者激励的协同融通，可以在企业内培育出一种责任感意识，最终激励企业所有员工奋发有为、不断创新，为企业经营发展群策群力、共谋企业经营绩效的提升。高管薪酬激励当然是最主要的激励措施，要兼顾薪酬的短期激励和长期激励。

首先，建立以业绩考核为导向的高管薪酬机制。高管薪酬要以突出业绩考核为导向，着手建立“考核层层落实，责任层层传递，激励层层连接”的资本保值增值责任体系，建立“业绩上、薪酬上，业绩下、薪酬下”的考核分配制度。实行年度考核与薪酬分配挂钩、任期考核与职务任免挂钩，严格兑现奖惩。

其次，要科学地评价管理层业绩。董事会对高管进行个性化的考核管理和战略管控。可以引入行业标准，进行横向比较，考虑国际、国内同行业标准，为企业经理层制定出科学可行的业绩考核指标。这样董事会就能拿出具有说服力的考核结果对高管的业绩进行兑现。只有做到严考核，才能进行硬兑现。

再次，薪酬激励要统筹兼顾短期效益和长期效益的关系。薪酬激励要统筹兼顾短期效益和长期效益的关系，就要把考核目标值与企业战略规划有机结合起来，围绕企业发展战略来开展业绩考核，发挥业绩考核对实现企业发展战略的促进作用。同时，为处理好长期效益和短期效益的关系，就要促进年度考核与任期考核的有机结合，针对年度考核和任期考核周期不同、指标设置不同、激励方式不同等特点，做好二者的钩稽嵌套、相互补充和相互衔接，形成一个短期效益和长期效益有机结合、促进企业全面发展的科学考核体系。与短期考核和长期考核相配套的，是要形成与之相匹配的激励约束机制，要加快构建起强有力的中长期激励约束制度，形成战略预算考核战略的良性循环。高管薪酬可以包括高管年薪收入、高管职务消费、高管股权收入及高管福利保障，从传统观点来看，前两种属于短期报酬，后两种属于长期报酬。

最后，要健全监督约束机制。如果高管监督约束机制无效，那么高管就可能操纵控制激励方案的制定，可能通过不合理或不合法手段谋求个人收益从而使激励机制无效，或者通过操纵报表编制，构造虚假利润，或者推迟发布或隐瞒对自己不利的信息，使自己获取不正当收益等等，因此有效的高管监督和约束机制是高管激励机制有效运行的基本条件。监督约束机制是现代公司治理的重要手段，它分为内部监督和外部监督。内部监督约束，主要是按照现代企业制度成立的股东大会、董事会、监事会、职工代表大会、工会等对高管形成的监督约束，内部监督约束的效果，主要取决于企业法人治理结构的完善和各种制度安排的执行。外部监督约束，主要包括资本市场约束、经理市场约束和产品市场约束。高管为了提升自己的市场价值，会更加努力地致力于企业经营管理。

7.2　建立与顾客及合作伙伴之间知识治理激励机制，提高企业关系资本

在价值创造过程中，顾客正扮演着越来越重要的角色。20 世纪 80 年代中期以来，顾客就不断参与到企业的新产品开发活动中。在竞争日益激烈的今天，“倾听顾客的声音”，从而了解和满足顾客需求已经成为新服务开发成功的一个重要影响因素。一方面，企业重视收集顾客信息，及时响应顾客的需求和期望；另一方面，企业也试图将顾客知识加以有效利用，转化为创造企业竞争优势的重要资产。企业外部社会网络的最大作用在于增加关系资本。与顾客、合作伙伴等的知识共享是企业的市场反应，

拓宽知识共享的广度，将对关系资本的放大起到至关重要的作用。在全球经济一体化的大背景下，任何一个企业的发展都不是孤立的，单个企业难以实现知识资本的积累。企业外部社会网络之所以存在是因为“交易成本 + 外部化价格 < 内部化成本”，促进知识资本被网络中的行动者吸收。为了获得互补性的知识资源，外部社会网络包括企业及其各个利益相关者，使得各方能够实现知识共享。与利益相关方进行的合作和沟通，促使彼此之间建立信任关系，这种信任促进了关系资本的放大；随着知识交流与合作程度的加深反过来再次促进了关系资本的积累，最终形成知识联盟。因此，外部社会网络使得企业与利益相关者及时、准确地传递知识，从而推动企业进行技术和制度方面的创新。企业通过对外部环境的搜寻和关注于对特定问题相关信息的识别，获取的外部知识能够丰富自身的知识。对企业来说，为了接收新知识，需要改革其惯例和流程使其能够接触到新知识的源泉，之后才能发生消化新知识，并把新知识与现有知识整合，使人力资本与组织资本在自组织的情境下不断地进行优化。因此，外部社会网络通过影响知识资本的各个构成要素进而推动了企业技术和制度方面的创新。

如何提升顾客参与的积极性和创造力呢？激励因素可划分为内在激励和外在激励两种。内在激励指产生激励的源头来自个人或活动本身，包括对任务本身的兴趣、爱好和自我实现的需求等；外在激励指激励源于个人或任务本身之外的外在目标，包括金钱奖励、社会认可和地位等。内在激励对人们的创造力表现具有正向且非常重要的影响。然而，同时考虑内在激励和外在激励的影响可以发现，对那些事先固有内在回报的行为进行外在回报，可能会降低整体动机水平，从而削弱创造行为。但是，外在激励对创造性的负面影响也存在边界条件，外在激励也有可能加强而非削弱内在激励的作用，比如，外在奖赏既可以看作是对人们行为的控制（施加外在控制，威胁自主需求），从而削弱内在动机；也可以看作是对个人能力的肯定（提供有用的信息，满足能力需求），从而增强内在动机。外在激励同时存在增加或降低人们创造性的可能。更具体地说，当外在激励提供目标导向（创造性作为一种明确的任务要求）时，不仅仅以参加或完成创新任务为考量标准，或是与内在动机相结合，那么外在激励可以起到加强内在动机的作用。

顾客选择。企业应该挑选对服务创新具有较强内在参与动机的顾客参与。这类顾客对该企业和服务创新体现出浓厚的兴趣，并对服务企业所提供的产品具有充分的体验和理解。可以对内在动机高的顾客进行分类：（1）领先用户：对服务产品有超前需求，且能从满足需求的解决方案中获利；（2）领先型顾客：顾客参与程度高，参与创新的顾客价值高，参与行为是理性的；（3）具有消费者创新性（对新产品接纳程度高），或者拥有外向型、经验开放型等个性特征的顾客。

外在激励选择。外在激励作为企业可控的激励因素，需要合理设计和使用。金钱激励会增加企业投入到服务创新中的成本，而社会认可激励则不会。给予参与者奖励（现金、免费的产品或服务升级等）是保持顾客参与积极性的手段，可以根据外部专家对创新想法的打分，决定参与者现金奖励的数额，同时为加强群体合作，中间过程的创新想法也会得到奖励。除此之外，即时、有效的反馈机制，来自企业和其他顾客群体的社会认可以及创新平台的体验等外在激励因素也是不可或缺的。创新平台除了可为顾客提供便捷、可靠的创新工具箱外，还可增加顾客群体间的互动与交流，从而满足人们的社会性偏好。为了使外在激励成为协同性质的外部驱动因素，企业在对作出重大贡献的顾客进行奖励时，需要考虑外在激励是否限制或损害了顾客参与的内在动机，从而降低顾客的创造力水平。

7.3 建立产学研协同创新激励机制

为了激励各利益主体、确保产学研协同创新可持续，政府或者对产学研协同创新某一具有主导地位、信息优势的利益主体对各利益主体实现协调，然而在对产学研协同创新各利益主体实施协调时，由于各利益主体努力程度的变化，利益也必然会有所变动，故产学研协同创新同盟体必须确保在协同创新价值链利用增大的同时，以最小的分配比例使得各利益主体的利益大于或等于无协调时的利益，即使得协同创新价值链的利润得到合理分配。

在产学研协同创新价值链中，协调者（政府或某一具有主导地位、信息优势的利益主体）处于超然的地位，其通过协调各利益主体为协同创新价值链谋取更多的利益。为了实现产学研协同创新价值链整体利益的最大化和利益主体不受损失，协调者必须恰当地控制价值链分配的最小比例，并将各利益主体在协调创新联盟体不协调时获得的利益作为谈判的威慑点。在产学研协同创新过程中由于各利益主体的合作程度保持相对不变，而各利益主体努力程度变化的方向决定着协调者对其激励或惩罚。如果利益主体努力程度是增加的，则协调者对其实施利益分配方式的激励；如果利益主体的努力程度降低，则协调者不仅不会给予利益主体努力程度的利益分配奖励，反而会剥夺一部分利益主体由于合作而获得的激励利益，当激励利益不够弥补努力程度的惩罚金额时，利益主体需要向协调者交纳一定罚金，以作为整个产学研协同创新效率低效的补偿。

产学研协同创新价值链经过激励协调后，产学研协同创新价值链增值利润和利益主体分配利益均会显著增加，调整各利益主体以合适的努力程度和合作程度实施协同创新，能够更快、更好地促进科技成果转移和转化，实现产学研协同创新价值链整体利益最大化，确保产学研协同创新可持续发展。管理者和决策者需要根据各主体对产学研协同创新价值链贡献程度设定恰当的利益分配比例，并在各主体间建立信息服务和共享平台，加强信息共享，避免各利益主体投机行为，建立长期有效的合作机制。产学研协同创新管理者和决策者通过采用奖惩、利益分配、信息共享等手段和措施，使各主体在合作与非合作、努力程度和合作程度投入的多少等方面进行博弈的过程中逐步达成一致，进而提升各主体自身和整个价值链的利益，促使产学研各创新主体能够保持长期有效合作。

7.4 加强制度建设，政府强化科技激励机制

任何特定制度的安排与创新无非是特定条件下人们选择的结果，而有效的制度安排无疑是经济增长（绩效）的必要条件。首先，好的制度环境有助于降低企业保护其创新成果的成本，增强企业家对研发创新投资的信心，进而促进企业创新绩效的提高。其次，制度环境会影响企业家人力资本在非生产性行为与生产性行为之间的配置，进而对企业内部的创新激励产生影响，并间接地反映在企业创新绩效上。另外，制度环境还会通过影响公司治理机制进而对企业内部的创新性投资活动产生影响。技术创新的产出，是一种既有公共产品性质又有私人产品性质的产品，知识溢出效果明显，如果缺乏有效的制度安排，创新风险和收益

往往不对称，因而仅仅依靠市场力量无法激励技术创新的动力，需要有政府的参与及制度的安排。

第一，政府对企业创新活动进行财政补贴、税收减免已成为政府培育、发展战略性新兴产业的重要前提。我国政府于2008年正式修订了《中华人民共和国科技进步法》，明确规定国家要通过税收政策、信贷政策、产业政策等支持企业从事创新活动。简言之，政府财政补贴是对企业创新活动的直接资助，这有助于降低企业的研发风险和成本，在一定程度上化解企业创新活动面临的高融资约束问题，还有可能促使企业增加对研发活动的资金投入，进而有助于提高企业的创新绩效。政府财政补贴对企业创新绩效具有促进作用。在好的制度环境下，有效的产权制度能够约束政府官员在发放财政补贴时趁机向申请企业伸出“攫取之手”，此时，政府补贴对企业创新绩效的激励效果会更好。在好的制度环境背景下，企业为了获取政府补贴进行寻租的可能性会较低，故凡是能够获得政府补贴的企业多凭借实力获得补贴，此时，每一单位的政府补贴收入会对企业R&D投入产生实实在在的激励作用，而企业R&D投入的增加是提高企业创新绩效的关键。

第二，加强知识产权保护。《国务院关于新形势下加快知识产权强国建设的若干意见》在总体要求中即提出：“实行更加严格的知识产权保护，优化知识产权公共服务，促进新技术、新产业、新业态蓬勃发展，提升产业国际化发展水平，保障和激励大众创业、万众创新，为实施创新驱动发展战略提供有力支撑。”加强知识产权保护，就是要推动知识产权保护法治化，完善行政执法和司法保护两条途径优势互补、有机衔接的知识产权保护模式；加强新业态新领域创新成果的知识产权保护，探索商业模式知识产权保护制度和实用艺术品外观设计专利保护制度，探索互联网、电子商务、大数据等领域的知识产权保护规则；规制知识产权滥用行为，探索标准必要专利的公平、合理、无歧视许可政策和停止侵权适用规则。

加强知识产权保护要与地方的综合管理改革同步进行。知识产权的严格保护离不开制度、体制机制和程序的保障，加强知识产权保护需要深化改革与制度创新。在加快完善中国特色知识产权制度和改革创新体制的前提之下，通过加强知识产权保护，以国家统筹规划、地方试点试验的方式，发挥知识产权制度在激励创新、促进创新成果合理分享方面的关键作用，尝试破除制约知识产权严格保护的制度性障碍，进一步探索完善知识产权授权确权和执法保护两大核心体系，形成权界清晰、分工合理、责权一致、运转高效、法治保障的知识产权体制机制。

知识产权保护还应当推动地方及区域经济发展。以加强知识产权保护为基础，要按照推进形成主体功能区的要求，集聚创新资源。同时，严格知识产权保护将推动这些区域进一步增强自主创新能力，提升产业结构层次和竞争力，进一步加强全球开放创新协作，积极参与、推动知识产权国际规则制定和完善，为我国重点领域的产业和企业“走出去”提供有力的支撑。

第三，政府对企业技术创新人员提供培训和教育，刺激技术创新增长。加强人力资源服务，落实人才强国战略，把培养、输送专业人才作为提升高技术企业技术水平，增强自主创新能力的重要服务内容，组织引导各类培训机构，针对高技术企业的人才需求，开发培训，提供更加灵活的培训服务。鼓励技术服务机构建成技术服务专家库，组织大学、科研机构、企业离退休技术人员采用灵活多样的形式为高技术企业提供技术咨询、技术指导和技术诊断服务。鼓励科研人员以自主知识产权、产研成果等资本或股本参与企业投资和收益分配；鼓励科研人员领办、创办高新技术企业等，促进科技成果尽快转化为现实生产力。

第8章 研究结论与展望

8.1 主要研究结论

本书以知识资本理论、知识溢出理论、知识与企业绩效相关理论为基础，重点研究高技术企业知识资本、接受的区域知识溢出对企业绩效的贡献。本书首先对高技术企业绩效进行评价，基于利益相关者理论建立相应的高技术企业绩效评价体系，包括财务绩效和非财务绩效；然后分析高技术企业知识资本的分类和计量，从三个方面建立了知识资本评价体系，包括企业的人力资本、组织资本（包括创新资本、过程资本）、关系资本；研究企业接受区域的知识溢出影响因素、知识溢出效应以及知识溢出对知识（技术）创新的影响，建立了企业接受所在区域的知识溢出模型；本书在实证部分以高技术行业中的通讯及相关设备制造业上市公司为例，采用因子分析法、面板数据多元回归分析法分别验证了知识资本、知识溢出与企业绩效的关系；本书把物质资本、劳动力资本、知识资本、知识溢出作为内生变量引入知识生产函数，来探讨这些要素对高技术企业绩效的贡献，然后利用我国上市公司面板数据，对知识资本、知识溢出和高技术企业绩效的关系进行实证分析，并提出相应的政策建议。其主要研究内容和结论包括以下几点：

（1）基于利益相关者理论建立了高技术企业的绩效评价体系。综合各利益相关者角度的绩效评价指标，可以分为财务绩效指标和非财务绩效指标，一方面由于数据来源的限制，另一方面考虑各学者对财务绩效与非财务绩效的关系研究结论，非财务绩效最终会反映在财务绩效上，因此本书在实证研究中以财务绩效为被解释变量进行研究，利用我国高技术行业中通讯及相关设备制造业上市公司 2010 ~ 2014 年的数据，采用因子分析法，计算样本财务绩效的综合得分，以最终的相对得分衡量企业绩效的大小。

（2）探讨了高技术企业知识资本的分类和计量；建立了高技术企业的知识资本评价体系。将高技术企业知识资本分为三部分：人力资本，指企业员工所具有的教育水平、技能、知识和经验、管理人员能力等；组织资本，包括创新资本和过程资本两个维度。创新资本反映企业创新投入和能力；过程资本是不依附于企业人力资源而存在的组织的其他所有能力，包括工作程序、特殊方法、管理质量，以及为扩大并加强制造或服务效率的员工计划，为一种连续性价值创造的实用知识；关系资本是指影响相互信赖的规范、价值、观点和信念，主要指企业与供应商、客户、政府机构及其他组织、个人之间的社会信任。以可利用的上市公司资料使用 17 个指标来评价高技术企业的知识资本，采用因子分析原理，计算每个指标的相对权重，进而计算知识资本各要素的综合值。

（3）理论分析了人力资本、组织资本和关系资本之间的互动关系；分析知识资本各要素与企业绩效之间的关系，并提出相应的理论假说；以我国通讯及相关设备制造业上市公司为样本，采用面板数据回归方法对假设进行验证，结论如下：

知识资本与高技术企业绩效之间存在明显的正相关关系；人力资本、创新资本、过程资本、关系资本都与企业绩效呈现正相关关系，回归方程的整体拟合程度达到 89.1495%。从对绩效的影响程度上看，创新资本影响程度最大，过程资本其次，接下来是关系资本，而人力资本影响最弱。

在人力资本与企业绩效关系研究中，工资增长率与企业绩效正相关，且相关性显著；员工平均教育水平与企业绩效通过 $\alpha=0.01$ 的显著性检验，且具有正相关关系；控制了上市公司控股股东的性质后，国有法人控股的上市公司中高管人员报酬与企业绩效存在显著的正相关关系；全部样本中企业员工规模与企业绩效没有显著的关系，本次实证结果说明员工的教育水平和员工技能的提升能带动企业绩效的提高，高管人员的报酬在我国国有法人控股的上市公司体现了管理能力与报酬的一致性。高技术企业只有达到一定的人员规模后，规模效应会促进企业绩效的提高。

在组织资本与企业绩效关系研究中，组织资本中研发人员的比例、管理效率、人均管理费用、员工资产管理水平、员工设备配备率与绩效有显著的正相关关系；这说明，重视研发人员的投入能提高企业的技术创新效率，提高产品的性能和质量，增强市场的竞争力，进而提高绩效；管理成本的投入与高效的管理水平能促进企业绩效的提高；员工资产管理水平及员工设备配备率表明员工的工作能力和工作环境，充分胜任的员工在良好的工作环境中可以引发工作的积极性，而且节约人工成本。员工平均拥有的商标权和专有技术以及无形资产的比例对企业绩效没有发挥明显的作用，土地使用权在无形资产中的比重较大，是造成无形资产比例与高技术企业绩效关联性不大的主要原因；总人数与管理人员之比与企业绩效的相关性没有通过显著性检验，扁平式的组织结构可以使员工间更方便地沟通，但是只衡量管理幅度是不够的，企业组织之间还应该有跨部门的科研团队、学习小组等不同领域专家的交流和协作，这对构建学习型组织是非常重要的。而这一指标由于信息获取的难度而忽略了。

在关系资本与企业绩效关系研究中，主要客户销售比例、沟通效率与企业绩效正相关，说明稳定的大单顾客可以减少企业产品宣传的营销费用，提高单位营业费用收入额，稳定的顾客可以提高企业的关系资本；企业在销售人员的投入和企业经验上没有优势，销售人员比例的增大并不一定能产生更多的客户和增强市场占有率，所选样本都是上市时间在 5 年以上的企业，运作成熟，顾客对企业的信任度已经形成，因此企业年龄逐步增长，对顾客及潜在顾客并不产生较大的影响；主供应商采购比例没有与绩效形成显著关系，说明原料来源并不影响产品的性能和销售。

（4）对高技术企业吸收区域知识溢出的影响因素进行分析，然后以此影响因素为基础对 Caniels 的蜂巢知识溢出模型进行修正，引入创新效率和行业距离两个参数，构建了微观企业接受所在区域的知识溢出模型，并在此基础上对各影响因素进行动态分析。结论为：

当知识存量差距较小时，随着知识存量差距的增大，企业所获取的区域知识溢出逐渐增大；当知识存量差距超过 $\mu\delta_i$，随着知识存量差距的增加，企业所获取的知识溢出逐渐减少。

当企业的学习能力 δ 增强时，知识溢出效应增强，在较大的知识存量差距范围内，企业仍然可以实现技术追赶。企业学习能力提高后，知识溢出的效果和学习能力的增长速度并不是同比实现的，而是知识溢出的增长速度远远大于学习能力的增长，企业学习能力的提高对知识溢出起到了递增的规模效应。

企业的学习能力不变时，随着创新能力的提高，企业所获取的知识溢出逐步增大；相反，当企业的创新能力降低时，所获取的知识溢出也下降。创新能力是对新知识的模仿、利用及转化的能力，也是将获取的知识溢出转化为内在知识，提高产出的一个重要因素。

行业距离与知识溢出成反比，与行业临近度成正比。在区域内部与主体企业相同行业的企业越多，也就是同行业的知识存量比例越大，知识溢出效果越明显。

（5）对知识溢出与高技术企业绩效关系进行理论分析提出关系假说；构建基于知识溢出的企业选址、创新和集聚效应的理论模型，探讨知识溢出对企业选址、创新及集聚的影响；运用实证检验知识溢出与企业绩效的关系。

企业同时选址同时定价时均衡模型结果表明，企业的均衡区位是单位交通成本 r 和知识溢出强度 λ 两者的函数，并且与两企业初始位置无关。当 r 不变时，随着 λ 逐渐增加，两企业逐渐靠近，也就是说两企业之间的溢出强度越大，两企业最优选址均衡时的距离越小，两企业相互靠近的速度随着知识溢出强度的增大而减小。当 λ 不变时，单位交通成本 r 越低，企业越倾向于集聚；企业进入后产品定价与创新模型分析结果表明：当两企业选择对称的地理位置时，企业很明显会选择同样的知识创新努力；当运输成本不变时，企业的知识创新与知识溢出的强度有关，可以看到，随着知识溢出强度 λ 的增加，各自的知识创新努力减小；在知识溢出强度 λ 不变的情况下，企业越集聚，企业的创新努力越小；知识溢出效应的存在使企业彼此相互靠近，但企业在空间上的集聚抑制了企业自主创新的积极性，企业集聚产生的两种力量博弈均衡必将是企业一定程度上的集聚，并非越集中越好。

实证结果显示，我国通讯及相关设备制造业上市公司在地理位置上出现了集聚，所选样本位于北京、江苏、浙江、湖北、上海、广东、福建，共 7 省，且北京就占了 35.29%，知识溢出与财务绩效回归结果验证了它们之间的正相关关系，但知识溢出只能解释财务绩效变差的一小部分，说明企业的财务绩效受更多重要因素的影响。

（6）对知识生产函数进行研究和扩展，将知识溢出引入知识生产函数模型。采用逐步回归方法研究物质资本、劳动力资本、知识资本及知识溢出对高技术企业绩效的贡献。

研究结果表明：我国通讯及相关设备制造业上市公司知识资本对绩效影响显著，物质资本其次，而知识溢出、劳动力资本与企业绩效没有通过显著性检验；进一步分析，发现物质资本、劳动力资本和知识资本、知识溢出之间存在强相关关系，本实证结果表明劳动力资本、知识溢出通过物质资本、知识资本间接作用于企业的绩效，知识资本、物质资本综合反映了这些变量的信息；物质资本在我国通讯及设备制造业高技术上市公司绩效中仍然扮演了重要的作用；劳动力资本与物质资本之间具有强正相关关系；知识溢出与物质资本、知识资本有明显正相关关系；总之，企业知识资本高，知识溢出强度就大，企业发展越快，绩效越好；众多企业组成的区域的资本份额也就越大，资本向该区域集中，市场规模得以扩大；资本的集中降低了新资本生产成本，因而会生产出更多的知识资本，最终形成创新中心。企业的发展与区域知识水平形成累计的因果关系。

最后，根据本书的研究结论和实证结果，对我国高技术企业绩效的稳定发展，提出了一些看法和建议。

8.2 进一步研究的方向

本书的研究围绕知识资本、知识溢出对高技术企业绩效的影响而展开，其研究重点是高技术企业绩效的评价，知识资本的分类和计量，知识溢出的测度及各因素对绩效的贡献。虽然本书在这些方面做了一些有益的探索，但由于受到学术能力、研究时间和经费的限制，论文仍然存在一些不足，这也是以后应深入研究的地方。

(1) 考虑知识资本、知识溢出对非财务绩效的影响。本书从利益相关者角度建立了高技术企业绩效评价指标，但在实证部分只验证了财务绩效，非财务绩效由于数据的难获得性，问卷调研的困难性而难以获得翔实可靠的信息，因此只是理论分析了非财务绩效与财务绩效之间的关系，在实证中无法验证。

(2) 应注重变量衡量的代表性。虽然在研究过程中，花费了大量的精力进行绩效指标体系的设计、对知识资本分类及计量，对区域知识存量计算，指标基本满足实证研究的要求，但是由于上市公司数据资料披露的不充分，有些关键的指标还是忽略了，如当期企业研发经费支出，创新产出等，本书的实证研究只是以我国高技术行业的通讯及相关设备制造业上市公司为例，研究结果会产生行业特征，会对研究结论的推广和普及产生一定的制约。在我国信息获取水平很低，取得研究相关数据难度很大。受到样本的时间限制，无法将知识资本、知识溢出对企业绩效的贡献作长期的时间序列分析，对知识溢出的滞后性得不到有效的研究结论，若数据充足、期间跨度较长，能建立更科学严谨的模型，相信分析结果会更准确，更理想。

（3）知识溢出模型的研究应考虑知识溢出路径的影响。区域知识存量、企业与区域知识存量差距一直是学术界未有效解决的难题，由于企业知识资本的衡量指标与区域知识水平的衡量指标不同，造成了知识差距衡量的困难，而企业与外部知识溢出途径在模型中未被考虑，这些都是今后需进一步研究的内容。

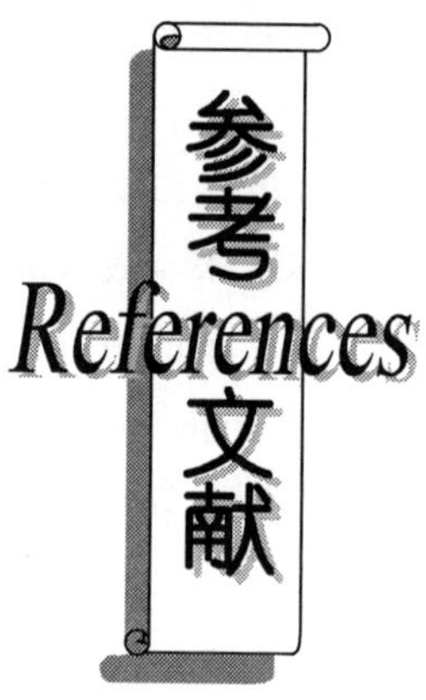

[1] 迈克尔·波特．竞争战略、竞争优势［M］．北京：华夏出版社，1997.

[2] Audretsch，D. B. Innovation，growth and survival［J］，International Journal of Industrial Organisation，1995（13）：441－457.

[3] Van Stel，A. J. and Carree M. A. Business ownership and sectoral growth：an empirical analysis of 21 OECD Countries［J］，International Small Business Journal，2004（22）：389－419.

[4] Solow R M. Growth Theory：An Exposition，Oxford Clarendon Press［M］，1957.

[5] David B. Audretsch and Erik E. Lehmann，Mansfield's Missing Link：The Impact of Knowledge Spillovers on Firm Growth［J］，Journal of Technology Transfer，30 1/2，207－210，2005.

[6] Krugman，P.. What's new about the new economic geogra-

phy? [J], Oxford Review of Economic Policy, 1998 (14): 7 -17.

[7] Feldman, Maryann P. Knowledge Spillovers and the Geography of Innovation. Handbook of Regional and Urban Economics [M], 2004: 2713 -2739.

[8] OECD. 杨宏进，薛岚译．以知识为基础的经济 [M]. 北京：机械工业出版社，1997：4 -6，8 -10，34 -38.

[9] 卡尔·埃里克·斯维比著，王鄂生译．知识探戈—管理与测量知识资本的艺术．海洋出版社，2007 (5).

[10] Leif Edvinsson. Developing a model for managing intellectual capital [J], European management journal, 1996 (4).

[11] Karl Eric Sveiby, The New Organizational Wealth: man aging knowledge -based assets [M], Berrett -Koehler Publishers, 1997.

[12] Stewart, T. A. Intellectual Capital [M]. New York, NY: Doubleday -Currency, 1997.

[13] Prusak. Working Knowledge: How Organization Manage What They Know [M], Havrard Business School Press, Cambridge, MA, 1998.

[14] Marr. B & Schiuma. G. Measurig and managing intellectual capital and knowledge assets in new economy organizations, in Handbook of Performance measurement [M], Bourne, London, 2001.

[15] 张兆国，宋丽梦，吕鹏飞．试论知识资本的涵义 [J]. 武汉大学学报（人文社会科学版），2000 (11)：775 -778.

[16] 芮明杰，郭玉林教授．智力资本激励的制度安排 [J]. 中国工业经济，2002 (9)：64 -69.

[17] 贾银芳，刘国武．知识资本研究 [J]. 财会通讯，2004 (11)：63 -67.

[18] http://: acbook. acmotive. com/political/jjzp/x/xiongbite/jjfz/index. html.

[19] Arrow K. The Economic Implications of Learning by doing, Review of Economic Studies, 1962, Vol. 29, 155 – 173.

[20] Geroski. Innovation, Technological Opportunity, and Market Structure [J]. Oxford Economic Papers. 1990 (42): 586 – 602.

[21] Griliches, Z.. The Search for R&D Spillovers [J]. Scandinavian Journal of Economics, 1992, 94: 29 – 47.

[22] Kokko A. Foreign Direct Investment, Host Country Characteristics and Spillovers, the Economic Research Institute, Stockholm, 1992.

[23] Branstetter, L. G., Looking for International Knowledge Spillovers—A Review of the Literature with Suggestions for New Approaches [J]. Annales D' Economic et de Statistique. 1998, 49: 517 – 540.

[24] Poldahl, Andreas. Domestic vs. International Spillovers: Evidence from Swedish Firm Level Data, Economic Research 2004 (12).

[25] Jack Diamond, OECD. Performance measurement and evaluation. Working Papers, 1994.

[26] 张蕊. 企业战略经营业绩评价指标体系研究 [M]. 中国财政经济出版社. 2002 (4): 4.

[27] 王化成, 刘俊勇. 企业业绩评价模式研究——兼论中国企业业绩评价模式选择. 管理世界, 2004 (4): 84 – 91.

[28] 牛丽文, 张进. 企业绩效评价指标体系研究 [J]. 商场现代化, 2005 (12): 19 – 20.

[29] Leif Edvinsson and Michael Malone, Intellectual Capital New York: Harper Collins, 1997.

[30] Robert Kaplan and David Norton, "why Does Business Need a Balanced Scorecard?" Journal of Strategic Performance Measurement (February/March 1997): 5 - 11.

[31] Bontis. N., Assessing knowledge assets: A review of the models used to measure intellectual capital [M]. Working paper. Queen's Management Research Center for Knowledge - Based Enterprise. 2000.

[32] Karl Eric Sveiby, The New Organizational Wealth San Francisco: Berrett - Koehler Publishers, 1997.

[33] [美] 帕特里克·沙利文．智力资本管理—企业价值萃取的核心能力．知识产权出版社，2006 (4)．

[34] [美] 弗朗西斯·赫瑞比．管理知识员工〔M〕北京机械工业出版社，2000：101 - 122.

[35] 安妮·布鲁金著．智力资本一应用与管理 [M]．赵洁平译，东北财经大学出版社，2003.

[36] 申明．知识资本运营论 [M]．企业管理出版社，1998 年版．

[37] 郝丽萍，黄福广．企业的智力资本与企业发展 [J]．天津大学学报（社会科学版），1999 (4)：290.

[38] 保建云．知识资本 [M]，西南财经大学出版社，1999 年版．

[39] 郑晗．资本：人本、知本、智本．中国信息报．2000：09 ~ 20.

[40] 仇元福，潘旭伟，顾新建．知识资本构成分析及其技术评价 [J]．中国软科学，2002 (10)：115 - 119.

[41] 黄汉民．企业的组织资源能力探析［J］．经济管理，2003（12）：42－46.

[42] 朱学义，黄元元．我国智力资本会计应用初探［J］．会计研究，2004.8：61－64.

[43] 张炜，王重鸣．高技术企业智力资本形成机制的实证研究［J］．科学学研究，2007（04）：729－733.

[44] 卫武，何敏．跨层级组织知识转化与企业绩效关系研究——知识资本的中介效应［J］．科技进步与对策，2016，(19)：139－146.

[45] Lööf, Hans and Heshmati, Almas. Knowledge Capital and Performance Heterogeneity: A Firm Level Innovation Study. International Journal of Production Economics, 2002, pages 61－85.

[46] Rain, H. and Ilkka, K, Intellectual capital and anticipated sales in small and medium－sized biotechnology companies. 'Innovations and Entrepreneurship in Biotech /Pharmaceutical and IT/Telecom' A research workshop' Available at: http: //www. mot. chalmers. se/dept/idy/workshop2003.

[47] Pena, l. Intellectual capital and business startup success [J]. Journal of Intellectual capital. 2002 (3): 180－198.

[48] Engstorm, T. E. J., Westnes, P. and Westnes, S. F. Evaluating intellectual capital in the hotel industry [J]. Journal of Intellectual. 2003 (4): 287－303.

[49] Engstorm, T. E. J., Westnes, P. and Westnes, S. F. Evaluating intellectual capital in the hotel industry [J]. Journal of Intellectual. 2003 (4): 287－303.

[50] STEVEN FIRER, S MITCHELL WILLIAMS. Intellectual Capital and Traditional Measures of Corporate Performance [J].

Journal of Intellectual Capital, 2003, (4): 5-6.

[51] YU-SHAN CHEN, MING-JI JAMES LIN & CHING-HSUN CHANG. The Influence of Intellectual Capital on New Product Development Performance - The Manufacturing Companies of Taiwan as an Example. Total Quality Management Vol. 17, No. 10, 1323-1339, December 2006.

[52] 程承坪. 论企业家人力资本的开发、配置及其与企业绩效关系 [J]. 南开管理评论, 2001 (5).

[53] 方润生, 李垣, 冯进路. 管理层人力资本结构的变化对企业绩效的影响 [J]. 科研管理, 2002, (6): 5-6.

[54] 雷井生. 中小企业知识资本绩效实现的影响因素——基于实证视角的分析 [J]. 经济管理, 2009 (5): 80-88.

[55] 张芸, 胡汉辉, 谢恽. 我国高科技行业和传统行业知识资本效率的比较分析 [J]. 科学学与科学技术管理, 2009 (10): 107-112.

[56] 于洪菲. 知识资本对中国高科技企业成长的影响分析 [J]. 当代经济研究, 2013, (03): 47-50.

[57] 陈恒, 徐睿姝. 知识资本对企业经营效率的影响机理——基于上市制药企业的实证分析 [J]. 系统工程, 2015, (02): 74-81.

[58] 朱思文, 游达明. 开放式创新背景下企业知识资本与创新绩效实证研究 [J]. 湘潭大学学报 (哲学社会科学版), 2013, (04): 72-76.

[59] 喻登科, 肖欢, 彭静, 薄秋实. 知识资本与性格特质对企业绩效的交互作用研究 [J]. 科技进步与对策, 2016, (22): 146-155.

[60] Saxeaian L. Regional advantage: Cluster and Competition

in Silicon Valley and Route 128 [M]. Harward Univercity Press, Combridge, 1994, 55 - 74.

[61] Malecki, E.. Technology and economic development, the dynamics of local, regional and national competitiveness [M]. Longman: Harlow, 1997.

[62] Cockburn, Iain M and Henderson, Rebecca M. Absorptive Capacity, Coauthoring Behavior, and the Organization of Research in Drug Discovery [J]. Journal of Industrial Economics, 1998 (46): 82 - 157.

[63] Feldman, M. P.. The entrepreneurial event revisited: An Examination of New firm formation in a regional context [J]. Industrial and Corporate Change, 2001, 10: 861 - 891.

[64] Günter Franke. Performance and Policy of Foundation & dash; owned Firms in Germany. European Financial Management 2002 (8): 261 - 279.

[65] B. H. hall, J. Mairesse&P. Mohnen. Measuring the Returns to R&D. in B. H. Hall & N. Rosenberg (eds.), Handbook of the Economics of Innovation (Volume 2), Amsterdam: Elsevier, 2010: 1033 - 1082.

[66] Marylène Mille. The University, Knowledge Spillovers and Local Development: The Experience of a New University [R]. Higher Education Management and Policy, Volume 16, No. 3 OECD 2004.

[67] 禹海慧. 社会网络、知识资本与企业创新能力的关系研究 [J]. 湖南社会科学, 2015, (02): 147 - 150.

[68] Olfsdotter, K.. Foreign direct investment, country capabilities and economic growth [J]. Weltwirts chaftliches Archiv,

1998, 134: 115 - 135.

[69] Agrawal, A.. Specificity of induced resistance in wild radish: causes and consequences for two specialist and two generalist caterpillars [J]. Oikos, 2000, 89: 493 - 500.

[70] Cohen, W. M., Levinthal, D. A., Absorptive capacity: a new perspective on learning and innovation. Administrative Science Quarterly 1990 (35): 128 - 152.

[71] Borensztein, E., J. De Gregorio, . J - W. Lee.. How Does Foreign Direct Investment Affect Economic Growth [J]. Journal of International Economics, 1998, 45: 115 - 135.

[72] Lai, M., Peng, S., & Bao, Q. Technology spillovers, absorptive capacity and economic growth. China Economic Review, 2006 (17): 300 - 320.

[73] 孙兆刚. 知识溢出发生机制与路径研究 [D]. 大连理工大学, 2005 (9).

[74] 沙文兵. 吸收能力、FDI 知识溢出与内资企业创新能力——基于我国高技术产业的实证检验 [J]. 国际商务 (对外经济贸易大学学报), 2013, (01): 104 - 112.

[75] 庄小将. 知识溢出对集群企业技术创新绩效影响——基于传统产业集群企业的实证研究 [J]. 技术经济与管理研究, 2016, (10): 38 - 44.

[76] Bottazzi L, Peri G. Innovation and spillovers in regions: Evidence from European patent data. European Economic Review, 2003, 47 (4): 687 - 710.

[77] Funke, M., & Niebuhr, A. (2005). Regional geographic research and development spillovers and economic growth. Regional Studies, 39, 143 - 153.

[78] 王文翌，安同良．产业集聚、创新与知识溢出——基于中国制造业上市公司的实证 [J]. 产业经济研究，2014，(04)：22 -29.

[79] Kokko, A., R. Tanzini, andM. Zejan. Local Technological Capability and Productivity Spillovers from FDI in the Uruguayan Manufacturing Sector [J]. Journal ofDevelopmentStudies, 1996, 32: 602 -611.

[80] 陈涛涛．影响中国外商直接投资溢出效应的行业特征明．中国社会科学 [J]，2003，4：33 -44.

[81] 陈搏．知识距离与知识定价 [J]. 科学学研究，2007 (1)：14 -18.

[82] 韩伯棠，朱美光．基于知识溢出的高新区科技人才流动研究．科技进步与对策 [J]，2005 (5)：155 -157.

[83] Sjoholm, Fredrik. Exports, Imports and Productivity: Results from Indonesian Establishment Data [J], World Development, 1999 (27): 705 -715.

[84] 张昕，李廉水．制造业聚集、知识溢出与区域创新绩效 -以我国医药、电子及通讯设备制造业为例的实证研究 [J]. 数1经济技术经济研究，2007 (8)：35 -43.

[85] Manfield E.. Technical change and the rate of imitation [J]. Econometrics. 1961, Vol29: 741 -766.

[86] Manfield E.. Industrial research and technological innovation [M]. W. Norton, New York, 1968.

[87] Arrow, Kennith, J., The Economic Implication of Learning - by - doing [J], Review of Economic Studies, 1962, (29): 155 -173.

[88] Romer, P. M. Increasing Returns and Long Run Growth

[J]. Journal of Political Economy, 1986, 94: 1002 - 1037.

[89] Verspagen, B. A new empirical approach to catching up or falling behind [J], Structural Change and Economic Dynamics, 1991 (2): 359 - 380.

[90] Verspagen, Bart, Technological and social factors in long term fluctuations: Edited by Massimo Di Matteo, Richard M. Goodwin and Alessandro Vercelli (Proceedings of a Structural Change and Economic Dynamics, Elsevier, vol., 4 (1), June. (1993): 210 - 213.).

[91] M. C. J. Caniels. Knowledge spillovers and economic growth: regional growth differentials across Europe. [D] 2000. ISBN 1 84064 236 X.

[92] Griliches. Productivity, R&D, and Basic Researchatthe Firm Levelin the 1970s [J]. American Economics Review, 1986, (76): 141 - 154.

[93] Lucas R. E., Jr. On the Mechanics of Economic Development [J]. Journal of Monetary Economics, 1988 (22): 3 - 42.

[94] Lucas R. E., Jr. Making a Miracle [J]. Econometrica, 1993, 61: 251 - 272.

[95] Smith, P. J.. Do Knowledge Spillovers Contribute to US State Output and Gtowth [J]. Journal of Urban Economics, 1999, 45: 331 - 352.

[96] André van Stel and Henry Nieuwenhuijsen. Knowledge Spillovers and Economic Growth: an empirical analysis for the Netherlands, http: //www. tinbergen. nl/discussionpapers/02051. pdf.

[97] Cainelli, G. Agglomeration, technological innovations, and productivity. Evidence from the Italian industrial districts

[R], 2003.

[98] Jong – Rong Chen, and Chih – Hai Yang. Technological knowledge, spillover and productivity: evidence from Taiwanese firm level panel data. Applied Economics, 2005, 37, 2361 – 2371.

[99] 许学国，龚 涛，张慧涛. 吸收能力对企业创新绩效影响的深入分析——基于上海地区的实证研究 [J]. 科技管理研究，2013，21：76 – 81.

[100] 汪辉平，王增涛，王美霞. 知识资本、空间溢出与中国工业全要素生产率 [J]. 山西财经大学学报，2016，(05)：1 – 10.

[101] 杨皎平，侯楠，王乐. 集群内知识溢出、知识势能与集群创新绩效 [J]. 管理工程学报，2016，(03)：27 – 35.

[102] 王化成，刘俊勇，孙薇. 企业业绩评价 [M]. 中国人民大学出版社，2004：85.

[103] 彼得 · F. 德鲁克（李焰等译）. 公司绩效测评 [M]. 中国人民出版社，1999.

[104] 罗伯特 · 卡普兰，戴维 · 诺顿. 综合记分卡 [M]. 北京：新华出版社，1998.

[105] 中国国家标准化委员会. 卓越绩效评价标准 [S]，2004 年 8 月发布.

[106] Holloway, J. A Critical Research Agenda for Organizational Performance Measurement. First International Critical Management Studies Conference, Manchester, 1999.

[107] Bourne, M., M ills, J., W ilcox, M., Neely, A. and Platts, K. Designing Implementing and Updating Performance Measurement System s. International Journal of Operations & Production Management, 2000.

[108] Bourne, M. and Neely, A. Implementing Performance Measurement Systems: A Literature Review. Business Performance Management, 2003.

[109] Kennerley, M. P. and Neely, A. D. Measuring Performance in a Changing Business Environment. International Journal of Operations & Production Management, 2003.

[110] Christopher, D. Ittnera. David, F. Performance Implications of Strategic Performance Measurement in Financial Services Firms. Accounting, Organizations and Society, 2003.

[111] 施家芳，张媛．关于供应链绩效评价的探讨［J］．北方经贸，2004（6）．

[112] 王光映．企业绩效评价方法综述［J］．科技和产业，2005（1）．

[113] 王汝芳，杜勇宏．经济增加值与优化经济增加值［J］．当代财经，2005（5）：21－24

[114] 张晓燕，胡玉明．基于企业生命周期的绩效评价制度研究［J］．经济问题探索，2005（7）：66－69.

[115] 陈共荣，曾峻．企业绩效评价主体的演进及其对绩效评价的影响［J］．会计研究，2005（04）：65－68.

[116] 刘丁己，褚荣伟，陈柏彰．于平衡记分卡的企业绩效实证研究［J］．中大管理研究，2007（2）：48－63.

[117] Barney, J. B. (1991). Firm resource and sustained competitive advantage [J]. Journal of Management, 17 (1): 99－120.

[118] Wright, P. M., Mc Mahan, G. C., and Mc Wllliams, A. (1994). Human resources and sustained competitive advantage: a resource－based perspective [J]. International Journal of Human Resources Management, 5: 301－326.

[119] Pfeffer, J. (1994). Competitive advantage through people [M]. Boston: Harvard Business School Press.

[120] Huselid, M. A. (1995). The impact of human resource management practices on turnover, productivity, and corporate financial performance [J]. Academy of Management Journal. 38 (3): 635 – 672.

[121] Pennings, J. M., Lee, K. and Van Witteloostuijn, A. (1998). Human capital, social capital and firm dissolution [J]. Academy of Management Journal, 41: 425 – 440.

[122] Wright, P. M., Smart, D. L., and Mc Mahon, G. C., (1995). Matches between human resources and strategy among NCAA basketball teams [J]. Academy of Management Journal, 38: 1052 – 1074.

[123] Griliches, Z. and Regev, H. (1995). Firm Productivity in Israeli industry 1979 – 1988 [J]. Journal of Econometrics, 65: 175 – 203.

[124] Majumdar, S. (1998). The impact of human capital quality on the boundaries of the firms in theUS telecommunications industry [J]. Industrial and Corporate Change, 7 (4): 663 – 667.

[125] Lev, B. and Radhakrishnan, S. (2003). The measurement of firm – specific organization capital. NBER Working paper NO. 9581. march.

[126] Engstrom, T. E. J., Westnes, P. and Westnes, S. F. (2003) Evaluating Intellectual Capital in the Hotel Industry [J]. Journal of Intellectual Capital. 4 (3): 287 – 303.

[127] Palacios – Marques, D. and Garrigos – Simon, F. J, (2003). Validating and measuring IC in the biotechnology and tele-

communication industries [J]. Journal of Intellectual Capital, 4 (3): 332 -347.

[128] De Pablos, P. O. Evidence of intellectual capital measurement from asia, Europe and the middle east, Journal of Intellectual Capital, 2002 (3): 287 -302.

[129] Brian Uzzi. What small firms get capital and what cost: notes on the role of social capital and banking networks [C]. Federal Reserve Bank of Chicago in its journal Proceedings 1999 (3): 413 - 444

[130] Johnson, J. L. Strategic integration in industrial distribution channels: managing the interfirm relationship as a strategic asset [J] . Jounral of the Academy of Marketing Seienee, 1998 (27): 4 -18.

[131] Dollinger, M. J. Environmental contacts and financial performances of the small firm [J]. Journal of Small Business Management, 1995 (23): 24 -31.

[132] Hansen, E. L. , Entrepreneurial network and new organization growth [J], Entrepreneruship: Theory and Practices, 1995, 19 (4): 7 -19.

[133] OECD. Science, Technology and Industry Scoreboard: Benchmarking Knowledge - based Economies [M]. Paris: OECD, 2003, 9.

[134] 吴辰. 从《洛桑年鉴》看中国科技的国际竞争力 [EB/OL]. 科技部科技统计分析中心, 2006.

[135] UNESCO, Manual for Statistics on Scientific and Technological Activities [M], New York: UNESCO, 1984.

[136] 中国科学技术指标研究会, 科技统计与科技统计指

标，2014（11）.

[137] Abramovitz, M., (1986), Catching up, Forging Ahead, and Falling Behind, in: Journal of Economic History, Vol. 46, no. 2, 385-406.

[138] Kim, Linsu. Dahlman, Carl J. Technology policy for industrialization: An integrative framework and Korea's experience. Research PolicyVolume 21, Issue 5, October 1992, Pages 437-452.

[139] Griffith, R., Redding, S., & Van Reneen, J. (2003). R&D and absorptive capability: from theory to empirical evidence. Scandinavian Journal of Economics, 105, 1-20.

[140] Jaffe, Adam B. Technological Opportunity and Spilovers of R&D: Evidence from Firms' Patents, Profits and Market Value [J]. American Economic Review, 1989, LXXVI, 984 - 1000

[141] Jaffe A B., M Trajtenberg, R. Henderson. Geographic Localization of Knowledge Spillovers as Evidenced by Patent Citations [J]. Quarterly Journal of Economics 1993, 63: 577-598.

[142] Acs, Z. J., Audretsch, D. B., Feldman, M. P., 1994. R&D spillovers and recipient firm size [J]. Review of Economics and Statistics 76, 336-340.

[143] 魏江．小企业集群创新网络的知识溢出效应分析[J]. 科研管理，2003（24）：54-60.

[144] Z. Griliches. Issues in Assessing the Contribution of R&D to Productivity Growth [J]. Journal of Economics, 1979, (10): 92-116.

[145] Jaffe, A. B. Real effects of Academic Research [J], American Economic Review. 1989, 79 (5): 957-970.

[146] L. Anselin, A. Varga, Z. Acs. Geographic Spillovers

and University Research: A Spatial Econometric Perspective [J]. Growth and Change, 2000, (31): 501-516.

[147] W. Fischer, A. Varga. Production of Knowledge and Geographically Mediated Spillovers from Universities International [J]. Journal of Technology Management, 2001.

[148] L. Greunz. Geographically and Technologically Mediated Knowledge Spillovers between European Regions [J]. AnnReg Sci, 2003, (37): 657-680.

[149] Ari Kokko. Technology, market characteristics, and spillovers [J]. Journal of Development Economics Volume 43, Issue 2, April 1994: 279-293.

[150] C. Ostroff. Human Resource Management and Firm Performance: Practices, Systems, and Contingencies [Z]. Working Paper, Arizona State University, 2000.

[151] Piga, Claudio. Poyago-Theotoky, Joanna. Endogenous R&D spillovers and locational choice [J]. Regional Science and Urban Economics. 2005 (35): 127-139.

[152] 徐伟. 国有控股公司控股方行为及其治理绩效实证研究 [M]. 济南：经济科学出版社，2016，(5)：199.